인생은
요셉처럼

인생은 요셉처럼

저자 원용일

초판 1쇄 발행 2015. 9. 2.
개정판 1쇄 발행 2018. 8. 22.

발행처 도서출판 브니엘
발행인 권혁선

등록번호 서울 제2006-50호
등록일자 2006. 9. 11.

서울특별시 송파구 백제고분로28길 25 B101호 (05590)
마케팅부 02)421-3436
편집부 02)421-3487
팩시밀리 02)421-3438

ISBN 979-11-86092-73-6 03230

독자의견 02)421-3487
이메일 editorkhs@empal.com

북카페 주소 cafe.naver.com/penielpub.cafe
페이스북 www.facebook.com/penielbooks
인스타그램 @peniel_books

도서출판 브니엘은 독자들의 책에 관한 아이디어나 원고를 설레는 마음으로 기다리고 있습니다. 책으로 엮기를 원하는 아이디어가 있으신 분은 위의 이메일로 간단한 개요와 취지, 연락처 등을 보내주십시오. 머뭇거리지 말고 문을 두드리세요. 길이 열립니다.

도서출판 브니엘은 갓구운 빵처럼 항상 신선한 책만을 고집합니다.

오늘,
일터에서
꿈을 현실로
이룬다

인생은
요셉처럼

원용일 | 직장사역연구소 소장

| 프롤로그 |

나의 설교나 강의에는 성경 인물들이 자주 등장한다. 책을 읽을 때도 소설을 많이 읽고, 성경을 읽을 때도 이야기체 본문을 좋아하기 때문이다. 시편이나 서신서를 읽을 때보다는 이야기가 담긴 역사서나 복음서와 같은 부분을 읽을 때 더욱 재미있다. 이런 편식 때문인지 설교를 할 때도 성경 인물들의 이야기가 담긴 본문을 자주 설교해왔다. 요셉, 다니엘, 다윗 등의 인물들이 나의 설교에서 자주 등장하는 사람들인데, 그중 요셉을 가장 많이 설교했다.

기록을 들춰보니 1997년 직장사역연구소 사역을 시작한 뒤부터 400여 회 요셉에 대한 설교나 강의를 했다. 그렇게 자주 요셉을 대하다 보니 요셉의 삶이 나의 인생의 한 부분을 형성했다 해도 그리 틀린 말이 아니다. 그렇게 자주 설교했지만 아직도 '요셉'은 너무 높은 경지여서 배우기가 쉽지 않아 주눅 들기도 한다.

그러나 요셉을 정확히 알려면 요셉의 총리 시절만이 아니라 하나님이 주신 비전을 이루어가는 요셉 인생의 전 과정을 살펴봐야 한다.

요셉에게는 복잡한 가정사 속에서 견뎌야 할 어린 시절이 있었다. 아버지의 편애와 요셉 자신에게도 어느 정도 책임이 있는, 형제들과의 불화로 애굽에 팔려가는 아픔을 겪었다. 애굽에서 노예생활을 10년 쯤 거쳤고, 결코 원치 않았을 감옥생활을 3년쯤 해야 했다. 그 기간 중 만 2년 동안은 석방을 기다리며 배신감을 곱씹어야 했기에 더욱 고통스러웠다. 30세가 될 때까지만 해도 요셉은 이런 우여곡절이 담긴 인생 수업을 겪어야 했다. 결코 원치 않았던 시간이었으나 그는 그 수업을 감당해야 했다.

세계 최대최강제국 애굽의 실권 1인자인 총리대신이 된 이후에도 요셉은 자신의 영향력을 행사하는 인생 수업을 감당했다. 굶어 죽을 애굽 사람들과 팔레스타인 사람들을 살려내는 가슴 벅찬 일들은 그가 쌓아놓은 지식을 통해 가능하게 했다. 흉년이 들자 곡식 창고를 열어서 그것을 파는 비즈니스를 통해 사람들을 살려냈다. 하나님이 세상에 허락하신 비즈니스에 이런 엄청난 기능이 있다는 것을 요셉이 보여주었다. 그리고 이스라엘 백성들이 애굽에서 큰 민족으로 성장하게 하는 역할을 요셉은 감당해냈다. 애굽의 총리라고 하는 높은 지위를 통해 결국 하나님의 비전을 이루어내는 귀한 인생 수업을 해냈다.

요셉의 인생에는 갈등도 있었고 아픔도 있었다. 참아내야 하는 일이 많았다. 결코 쉽지 않은 인생을 살아가면서 요셉은 하나님이 주신 비전을 품고 하나님의 섭리에 수긍했다. 어차피 우리 인생도 수업을 계속해야 한다. 물론 오늘 이 시대를 살아가는 우리 모두가 요셉의 인생과 같은 과정을 살지는 않는다. 요셉의 총리 시절만을 생각하면 오늘 나의 삶은 요셉과 너무나 격차가 많아 한심해 보일 수도 있다. 그러나 요셉의 유년기와 청년 시절, 고민과 좌절이 많았던 시절을 생각하면 오늘 우리 모든 삶의 과정 그 자체가 귀한 수업의 과정임을 알 수 있다.

게리 토마스는 결혼과 자녀 양육에 대한 「결혼, 영성에 눈뜨다」와 「부모학교」라는 책을 펴냈다. 결혼과 자녀 양육이라는 인생의 필수적인 과정이 거룩한 주의 일이라는 귀한 가르침이 담겨 있다. 프레드릭 뷰크너가 그의 힘들었던 어린 시절과 청년 시절의 경험을 「하나님을 향한 여정」이라는 제목으로 펴낸 책에도 누구나 기피하는 과거의 아픈 삶에 대한 인식이 담겨 있다. 프레드릭 뷰크너는 가족들이 감추고 싶어 하는 아버지와 삼촌의 자살 사건과 같은 일들을 사실대로 인정한다. 그리고 그 인생길이 하나님의 은혜로 여행할 만한 가치 있는 거룩한 길임을 잔잔하게 고백한다.

내 삶의 여정 역시 그 자체가 거룩한 인생 수업임을 고백한다. 하나님은 요셉의 인생을 통해 그분의 뜻을 이루고 세상을 이끌어

가셨듯이 오늘 나의 삶 하루하루를 통해서도 무언가 이루어 가신다. 나의 인생 역시 사도 바울의 고백대로 "하나님을 사랑하는 자 곧 그의 뜻대로 부르심을 입은 자들에게는 모든 것이 합력하여 선을 이루는 것"(롬 8:28)임을 수긍한다.

인생 수업의 선생님이신 하나님에게 감사드린다. 힘든 시절에도 부족한 글을 늘 격려해주시는 브니엘 편집부원들에게도 감사의 마음을 전한다. 함께 수업하는 사람들, 특히 가까운 곳에서 늘 지지고 볶으며 서로 인격을 다듬어가는 인생 동반자들에게 감사한다. 시간이 지나 깊어가는 부부의 사랑이 무엇인지 느끼게 해주는 아내 경남, 이제 눈에 넣으면 아플 만큼 자라서 가슴에 담으려고 노력하는 아이들, 대한과 소정에게 이 '요셉 책'을 주고 싶다.

주님의 작은 일꾼(小丁)
원용일

C·O·N·T·E·N·T·S
차 례

프롤로그 _ 004

1 / 하나님이 주신 꿈을 붙잡고 있는가? _ 013

꿈꾸는 인생, 무언가 이루어지고 있었다
하나님이 주신 비전을 발견하기 위하여
말씀 속에서 당신의 비전을 발견하라
비전 - 미션 - 전략으로 인생을 설계하라

2 / 책임감으로 일찍부터 준비된 그릇 _ 035

어릴 적부터 책임감으로 인정받은 요셉
탁월한 성실, 큰 역사를 이루는 계기
꿈꾸는 자들의 성실함 : 청소를 하면서도
다른 사람의 꿈에 더 관심을 둔 사람들

3 /
이해할 수 없어도 무언가 되어가고 있다 _ 055

요셉의 고통보다 더 근본적인 하나님의 섭리
꿈을 죽이는 집요한 죄악의 유혹을 이겨내라
달아나려는 요셉을 돌보시는 하나님의 노심초사
언제까지 기다려야 합니까? 말씀이 응할 때까지

4 /
어디에서 무슨 일을 하든지 주인의식으로 _ 075

능력보다 태도의 중요성이 부각되고 있다
감옥에서도 주인이었던 요셉, 애굽을 책임지다
일하는 태도의 변화, 사랑과 감사로 가능하다
맡겨진 일, 필요한 일을 주께 하듯 하는 자세로

5 /
치명적인 유혹을 이겨내기 위하여 _ 095

유혹이 있으면 "그만!"이라고 소리쳐라
옷은 팽개치더라도 양심은 포기하지 마라
유혹을 이겨내기 위해 말씀으로 무장하라
유혹을 이겨내어 충성심을 잃지 마라

6 /
고통을 당할 때 더욱더 부르짖으라 _ 117

절망의 순간에도 하나님은 함께하신다
하나님에게 당신의 영혼을 쏟아 부으라
기도하면 하나님이 행동하게 하신다
더욱 고통스러워도 기다려야 한다

7 /
절대 낙심 말고 하나님의 꿈을 붙잡으라 _ 137

지상최대의 탈옥 사건, 요셉의 감옥 대탈출
평생직장이 아니라 평생직업 설계를 위하여
갈 때 가더라도 지금 있는 곳에서 최선을
내공을 쌓으니 감옥생활도 버릴 것이 없다

8 / 세상의 번민을 풀어낼 적임자가 누구인가? _ 153

고난의 현장에서 우리와 늘 함께하시는 주님
세상을 향해 하나님의 깃발을 높이 올려라
꿈꾸는 사람이 꿈을 온전히 해석할 수 있다
하나님 나라의 의를 먼저 구하는 우선순위

9 / 하나님의 영에 감동된 하나님의 사람 _ 173

하나님이 함께하시는 영적 능력을 지녀라
예수님은 목수 일을 어떻게 하셨을까?
세상에서 직업을 통해 하나님을 드러내라
시대가 요구하는 전문만능인이 되기 위하여

10 / 세상이 고통받을 때 창고를 열기 위하여 _ 193

곡식을 저장하는 지식, 결국 그것이 문제였다
당신의 창고에 지식을 저장하여 기근 때 열라
비즈니스의 꿈을 가지고 세상 사람들을 살려내라
교회가 준비해야 할 지식 창고는 무엇인가?

11 /
세상을 변화시키는 한 사람의 위대한 힘 _ 215

요셉과 예수님, 팔려 죽었으나 팔아 살렸다
돈 많이 벌고 높은 지위에 오르면 성공한 것인가?
오늘 정직하지 않으면 내일은 더더욱 어렵다
크리스천이 세상 사람들보다 더 노력해야 할 이유?

12 /
갈등을 푸는 크리스천다운 비결은? _ 235

뼈아픈 범죄와 상처의 기억은 오래간다
용서하려면 먼저 인생의 비전을 기억하라
용서하려면 하나님에게 나아가 이야기하라
용서는 책임 있는 후속조치로 완성된다

13 /
모든 족속이 너로 인해 복을 받을 것이라 _ 257

아픈 기억은 잊고 창성하게 될 세상을 바라보라
대를 이어 전해오는 축복의 언약을 성취하라
크리스천의 정체성을 갖고 어딜 가나 복덩이로
당신은 인생의 종착지를 기억하며 사는가?

C·H·A·P·T·E·R·1

하나님이 주신 꿈을 붙잡고 있는가?

꿈꾸는 인생, 무언가 이루어지고 있었다

하나님이 주신 비전을 발견하기 위하여

말씀 속에서 당신의 비전을 발견하라

비전 - 미션 - 전략으로 인생을 설계하라

* * * * *

많은 크리스천들이 요셉을 떠올리면 생각나는 단어가 아마 '꿈' 일 것이다. 요셉은 성경 인물들 중 탁월한 '비저너리'(visionary) 였다. 비저너리는 꿈을 좇는 사람이다. '몽상가'라 불리기도 하지만 탁월한 상상력을 발휘하고, 다른 사람들은 잘 생각하지 못하는 비전을 추구하는 사람이다. 요셉이 그런 사람이었다. 요셉은 어린 시절에 하나님이 주신 꿈을 꾸었고, 평생 비전의 사람으로 살아갔다.

하지만 꿈의 사람 요셉이 어린 시절에 꾸었던 자신의 꿈에 대해 구체적으로 알고 있었는지에 관해서는 생각해봐야 한다. 물론 시간이 흐른 후 청년 시절의 요셉은 하나님이 주신 은사인 해몽의 능력이 있었다. 그러면 요셉이 열일곱 살 때에도 자신의 꿈의 내용에 대해서 구체적으로 알고 있었을까? 나중에 요셉이 관원장들과 애굽의 왕 바로 앞에서 해몽하는 것을 보면 구체적이고 정확하게 앞날에 대한 예언을 하고 있다. "사흘 안에"(3일), "일곱 해 흉년"(7년) 등 구체적인 숫자와 연결된 단위 기간을 정확하게 제시할 수 있었다.

하지만 요셉이 어린 시절에는 자기 꿈의 내용을 몰랐던 것 같다. 열일곱 살의 요셉은 아직 철이 없어서인지, 아니면 사리판단이 완전하지 않아서인지 자신의 꿈에 대한 해석을 자세히 알지는 못했다. 오히려 형들이 요셉의 꿈의 내용을 잘 알았고, 아버지 야곱 역시 꿈의 내용을 제대로 파악했다.

나는 이렇게 생각할 수 있다는 사실이 적잖이 위로가 된다. 열일곱 살 때부터 자신의 비전을 확실하게 알아서 인생을 설계한 요셉이란 '거인'은 나와는 거리가 멀다. 그보다는 나이가 어려서 자기의 비전을 잘 깨닫지 못하고, 그로 인해 어려움을 겪었던 요셉이 더 친근하게 느껴진다.

꿈꾸는 인생, 무언가 이루어지고 있었다

'비전'이란 단어를 크리스천 공동체에 속한 사람들, 특히 청년들이 자주 사용한다. 나도 오래 전부터 이 단어를 사용해서 나의 인생도 설계해 보았고, 그렇게 하라고 설교하고 강의

하기도 했다. 하지만 나 자신의 앞날에 대해서 하나님이 어떻게 인도하실지 구체적으로 잘 알지는 못했다. 물론 하나님이 함께하셨음을 감사하고, 장래에도 함께하실 것을 믿는 근본적인 안정감은 확실히 있었다. 하지만 10년 후, 20년 후의 나의 모습이 어떻게 전개될지 당장 눈앞에 잡히는 것은 없었다. 사실 앞날의 자기 모습에 대해서 분명한 청사진을 그리고 살아가는 사람들이 얼마나 많겠는가? 요즘같이 불확실한 시대, 변화가 많은 현대사회를 살기에 더욱 앞날에 대한 예측을 하기 힘든 것이 현실이다.

포기할 것도 많아서 '3포 세대' '5포 세대' 등의 신조어가 생겨나는 현실 속에서 크리스천 청년들 중에 아예 꿈에 대해 생각하지 않으려고 하는 경우도 있다. 교회에서 목회자들이 설교를 하거나 강사들이 강의를 하면 비전을 가지라고 강조하는데, 현실은 너무 힘들다는 것이다. 대학에 입학하자마자 취업 걱정에 내몰리고 천신만고 끝에 취업해도 치열한 현실 속에서 생존 자체가 힘든데, 비전을 가질 만한 여유가 있느냐고 항변한다.

그런데 나는 이렇게 답답한 상황이라도 더욱 비전을 가져야 한다고 강변하고 싶다. 앞뒤가 꽉 막혀 있으면 옆이라도 보고, 위라도 쳐다보며 용기를 얻어야 한다. 현실이 힘들다고 해서 비전을 갖지 않는다면 문제가 해결되는가? 그러니 오히려 어려울수록 기본에 충실하여 비전을 더욱 붙들어야 한다.

요셉의 인생이 바로 그런 모습이었다. 그래서 위로가 된다. 요셉은 하나님이 주신 분명한 꿈을 꾸었다. 나중의 이야기지만 애굽의 바로가 두 번 꿈을 꾼 것은 하나님이 확정하셨기 때문이라고 강조하듯이(창 41:32) 요셉 자신도 두 차례 꿈을 꾸었다. 확실한 비전이었기에 하나님이 그 일을 이루실 것이 분명했다. 그런데 요셉은 그 꿈이 어떻게 전개될 것인지는 잘 몰랐다. 요셉의 젊은 날은 오늘을 살아가는 우리가 겪는 고통과는 비교할 수 없을 정도로 힘든 나날이었다.

요셉은 하나님이 주신 놀라운 꿈을 부여잡고 힘차고 강건하게 살았을 것 같지만 결코 그렇지 않았다. 꿈을 꾸었지만 그 꿈이 어떻게 이루어질 것인지 잘 몰랐다. 형들에게 미움을 받아서 애굽으로 팔려갈 때에도 자기의 꿈이 어떻게 이루어질지 알 수 없었다. 많은 사람들의 존경을 받는 높은 지위에 오를 텐데 왜 그런 일이 자기에게 생기는지 의아하기만 했다. 애굽에서 끝이 보이지 않는 종살이를 할 때에도 자기의 꿈이 어떻게 이루어질지 요셉은 몰랐을 것이다. 말씀대로 살려고 유혹을 거절했는데 모함을 받아 감옥에 들어갈 때는 어땠겠는가? 그러나 한 가지 중요한 사실이 있다. 그렇게 요셉이 자기 꿈에 대해 잘 모를 때에도 무언가 이루어지고 있었다는 점이다. 바로 이 점이 중요하다. 내가 잘 이해하지 못해도 뭔가 이루어지고 있는 하나님의 섭리와 경륜, 이것이 바로 우리가 붙잡아야 할 희망이다.

유대인들이 성경의 내용에 문학적인 상상을 덧붙인 「요셉 미드라쉬」에 보면 요셉의 형들이 요셉을 판 후 이렇게 말했다고 한다. "우리는 동생을 판 돈으로 음식을 사서 먹지 않을 것입니다. 신발을 사서 신을 것입니다. 그리고 요셉의 꿈을 짓밟을 것입니다. 요셉이 말한 꿈이 어떻게 이루어지는가를 확실히 볼 것입니다"(강문호 지음, 한국가능성계발원 펴냄, 27쪽). 요셉의 형들과 같은 사람들을 가리켜 이렇게 말한다. "꿈이라곤 없는 불쌍한 자들!" 세상에는 꿈과 관련해서 두 부류의 사람들이 있다. 꿈꾸는 사람들이 있고, 그 꿈꾸는 사람을 몽상가라고 비난하는 사람들이 있다. 요셉은 형들이 별명을 붙인 대로 "꿈꾸는 자"였고, 그 형들은 꿈이라곤 없는 자들이었다.

하나님이 주신 비전을 발견하기 위하여

당신은 '비전'을 어떻게 이해하고 있는가? 크리스천들만 꿈꾸는 것은 아니다. 많은 사람들의 꿈에 대해서 들을 수 있다. 이런 포부와 야망을 가진 사람들도 있다. "나는 한국에서 제일가는 유통업체 사장이 될 거야." "나는 세계를 주름잡는 디자이너가 되어야지." 이런 식의 지위와 영향력에 대한 포부를 밝히면서 그렇게 자기 분야에서 제일가는 사람이 되겠다는 사실을 강조한다. 바로 지위나 성공 쪽으로 꿈에 대한 이해를 치중하는 셈이다.

그런데 그것이 바람직한 꿈인가? 인생을 그렇게 살게 되면 꿈을 제대로 꾸는 것이 아니다. 꿈과 비슷해 보이지만 하나님이 주신 꿈과는 전혀 다른 가짜가 있다. 그것은 바로 '뻥'이다. 우리 모두 조심해야 한다. 유명해지기만 하면 인생의 비전을 이루는 것이 아니다. 높은 지위에 오르거나 돈을 많이 벌고도 다른 사람들의 존경을 받지 못하고 하나님 나라의 비전을 이루지 못하는 사람들이 있다.

하지만 우리 크리스천의 비전은 남달라야 한다. 하나님의 말씀 속에서 인생의 키워드를 발견한 한 여인이 있었다(장안대학교 강헌구 교수가 소개하는 내용이다). 집안은 가난했지만 책 읽기를 좋아했던 여고생이 있었다. 제2차 세계대전에 남자친구가 참전을 했다가 훈장을 받고 돌아올 때 거의 매일 이 여인이 써서 보낸 연애편지 묶음을 가지고 왔다. 여인은 남자친구와 결혼을 했고, 대출을 받아 세탁소를 열어 일을 했다. 그런데 1948년에 불황의 파고를 이기지 못하고 세탁소를 폐업해야 했다. 5천 달러의 대출금을 갚는 것이 문제였다. 그녀는 밤이 늦어도 잠이 오지 않아 거울 앞에 서 보았다. '나이 스물세 살, 학력 고졸, 특별한 기술이나 자격증 없음.' 자신의 이력이 그 정도였다. 아르바이트 자리를 찾다가 커피숍에서 주방보조로 일했으나 저녁에 내일부터 나오지 말라는 말을 들었다. 그렇게 아르바이트 자리도 잘린 날 밤에 도저히 잠을 이룰 수 없었다. '내게 한 가지 기술이라도 있으면 좋으련만…' 하면서 아쉬워하는데, 그 순간 성경이야기 하나가 떠올랐다.

열왕기하 4장에 나오는 여인은 자기 남편이 엘리사 선지자의 제자였는데, 그만 세상을 떠나고 말았다. 병이 들어 고생을 했는지 빚이 있어서 두 아들이 종으로 팔려갈 위기에 처했다. 여인이 남편의 스승인 선지자 엘리사를 찾아갔다. 도움을 청하는데 선지자가 말했다. "네 집에 무엇이 있는지 내게 말하라." 여인에게 남은 것은 기름 한 그릇뿐이었다. 그러자 선지자는 여인에게 밖에 나가 이웃들에게 빈 그릇을 많이 빌려서 그 그릇에다 기름을 부으라고 했다. 선지자의 말 그대로 여인은 동네 이웃들에게 그릇을 빌려와서 거기다 기름을 부었는데, 붓고 또 부어도 계속해서 기름이 나왔다. 빈 그릇이 더 이상 없을 때에야 나오던 기름이 그쳤다. 놀라운 하나님의 이적을 체험한 바로 그때에 선지자 엘리사가 말했다. "너는 가서 기름을 팔아 빚을 갚고 남은 것으로 너와 네 두 아들이 생활하라."

그리고 이 여인은 이때 한 가지 성경 구절이 더 생각났다. 마태복음 25장에 나오는 달란트 비유였다. 한 달란트, 두 달란트, 다섯 달란트 받은 사람이 나오는데, 한 달란트 받은 사람이 자기가 받은 것이 적다고 그것을 땅에 묻어 두었다. 주인이 와서 그걸 빼앗아 열 달란트 가진 사람에게 주라고 했다는 말씀이 기억났다. 마태는 이 비유 말씀의 결론을 이렇게 내렸다. "무릇 있는 자는 받아 풍족하게 되고 없는 자는 그 있는 것까지 빼앗기리라"(29절). 바로 이 이야기가 생각나면서 여인은 무엇인가 작더라도 꼭 시작해야겠다고 결심했다.

'우리 집에 있는 것 중에 팔 것이 무엇일까?' 생각하는 순간, 고등학교 국어 선생님의 얼굴이 떠올랐다. 선생님은 그녀의 작문 실력이 뛰어나다고 칭찬하고, 학교 신문 편집하는 일을 맡겨준 것이 기억났다. 여인은 벌떡 일어나 부엌으로 가서 쓰레기통 옆의 〈볼드윈 파크〉라는 신문을 모아놓은 것을 꺼내 식탁 위에 펼쳤다. 그리고 광고란을 모조리 읽기 시작했다. 글 쓰는 일을 하는 사람을 찾는 광고를 찾았다. 하지만 신문들을 다 뒤져도 원하는 구인광고는 없었다.

그런데 광고 문안들을 보다 보니 카피나 문장이 촌스럽고 형편없는 것들이 눈에 거슬렸다. '쯧쯧! 나라면 이 지경으로 쓰지는 않을 텐데….' 순간 어렴풋한 영감이 떠오르고 신문에 나오는 쓸모없는 광고 문안들 몇 개를 오려 내어 광고를 다시 써 보며 고쳤다. 몇 차례의 수정을 거쳐서 나름의 샘플 광고 문안을 몇 개 완성했다. 그런데 이미 새벽을 지나 아침 해가 솟아오르고 있었다. 지난밤에 한잠도 못 잤는데 이상하리 만큼 기분이 상쾌했다. 처음 맛보는 희열이었다.

아침에 일하러 나가는 남편을 챙겨주고서 여인은 서둘러 제일 좋은 옷을 입고 읍내에 있는 신문사로 향했다. 아이 하나는 유모

차에, 그리고 한 아이는 등에 업고서 말이다. 4킬로미터나 되는 길을 걸어가면서 그녀는 자신이 꿈꾸는 미래의 모습을 상상하고 또 상상했다. 가슴이 벅차올랐다. 신문사에 들어서니 작은 키에 깡마른 체구의 사내가 근심에 찌든 얼굴로 사무실 안쪽에서 걸어 나왔다. 그를 향해 여인이 소리쳤다.

"혹시 신문사 사장님이세요? 사장님이시라면 광고 지면을 좀 사러왔는데요."

그러자 그 남자의 태도가 달라졌고, 여인은 자신의 계획을 설명하기 시작했다. 신문의 광고란을 도매가격으로 다 산 후에 광고주를 찾아가 광고 문안을 써서 신문에 싣고 이익을 붙인 금액을 받은 후 신문의 광고비는 일주일 후에 지불한다는 계획이었다. 그녀의 제안이 받아들여졌다. 그날부터 그녀는 신발이 닳을 정도로 뛰어다니기 시작했다. 낮에는 광고주들을 만나고, 밤에는 광고 카피를 생각하여 광고를 만들었다.

그 여인의 인생 키워드는 바로 광고였다. 우연히 본, 그리고 자기의 재능을 살린 광고가 바로 그녀의 인생을 새롭게 보여준 키워드였다. 그 여인이 5천 달러의 빚을 갚은 것은 물론이다. 이후 2007년에 세상을 떠날 때까지 60년 동안이나 유명한 광고대행업자이자 작가와 유명강사로 살았다. 이 여인이 바로 도티 월터스이다(강현구 지음, 「가슴 뛰는 삶」, 쌤앤파커스 펴냄, 42-47쪽).

절박한 상황이었지만 하나님이 주신 지혜와 아이디어로 이 여인은 인생의 새로운 전기를 마련했던 것이다. 나는 이 이야기를 책에서 처음 봤을 때 소름이 돋았다. 어쩌면 열왕기하 4장에 나오는 여인의 이야기와 도티 월터스의 인생이 그렇게도 정확하게 들어맞을 수 있단 말인가? 도티 월터스에게도 두 아들이 있었고 빚을 지고 있었다. 성경에 나오는 여인처럼 도티 월터스도 빌려온 남의 그릇(신문사의 광고란)에 자신에게 유일하게 남은 기름(글쓰기 능력)을 붓고 또 부었다. 성경에 나오는 여인의 남편은 죽었고, 도티 월터스에게는 남편이 살아 있었다는 사실 외에는(?) 대부분의 내용이 일치했다.

말씀이 비전의 원천이다. 중고등부 학생들, 대학청년부 청년들에게 비전과 직업 선택에 대해서 강의할 때 나는 이 이야기를 꼭 들려준다. 그리고 말씀 속에서 비전을 발견하라고 강조한다. 성경이야기를 우화적으로 해석하거나 문자적으로 짜맞추어 비전을 억지로 만들어내는 것이 아니다. 말씀에 집중하다 보면 하나님이 여러 방법으로 인생의 길을 열어주신다. 나의 경우를 한 예로 소개하고자 한다.

말씀 속에서 당신의 비전을 발견하라

총신대학교 신학과에 입학한 1983년에 나는 집이 경기도 안산이어서 서울 사당동에 있는 학교에 가기 위해 새벽에 일찍 집을 나섰다. 수업을 시작하기 전 아침 7시 무렵부터 뒷산 기도굴에서 기도하고, 도서관에서 성경을 읽었던 경험이 내게는 매우 유익한 영성훈련의 기회였다.

그해 가을쯤 어느 날 아침에 에스라서 10장을 통독하던 중 말씀이 마음에 강하게 부딪쳐왔다. 바벨론 포로였다가 귀환한 이스라엘 백성들 중에 이방인 아내와 자식을 데리고 온 사람들을 돌려보내는 종교개혁을 하는 장면이었다. 학사 겸 제사장 에스라가 하나님의 전 앞에 엎드려 울면서 회개했다. 이 부분에서 나는 지도자 에스라의 모습이 아니라 스가냐가 에스라를 응원하면서 "이는 당신이 주장할 일이니 일어나소서. 우리가 도우리니 힘써 행하소서"(4절)라고 말하는 부분에서 가슴이 뜨거워졌다. 에스라를 돕는 헬퍼 스가냐의 삶처럼 한국교회의 개혁과 하나님 나라의 건설을 위하여 '돕는 조력자'가 되겠다는 다짐을 했다. 지위가 아닌 역할에 관심이 갔다. 하나님이 나를 돕는 역할로 부르셨다는 사명감을 강하게 느꼈다.

하지만 구체적으로 어떻게 목회를 해야 하는지 확실히 손에 잡히는 것은 없었다. 부모님의 말씀을 들어보면 나는 어린 시절에 나중에 커서 뭐가 될 것이냐고 어른들이 물으면 목사가 되겠다고 대답했다고 한다. 물론 나는 잘 기억하지 못한다. 그 꿈이 변치 않아 신학교에 갔지만 어떤 방향으로 하나님의 일을 해야 하는지 눈에 보이는 것은 없었다. 고등학교 때 큰 영향을 주신 전도사님이 농촌 목회를 외칠 때 "나도!"라고 동의했지만 농사 한 번 지어보지 못한 내게 적합하지는 않다는 사실을 차츰 깨달았다.

그러던 중 대학을 졸업하고 군대를 다녀온 후 총신대학교 신학대학원에 입학한 1990년, 그때도 가을이었다. 군대에 가기 전 전도사로 섬겼던 교회의 목사님이 〈코리아헤럴드〉 신문사 신우회에서 매주 예배를 인도해줄 신학생을 찾는다니 가보라고 하셨다. 그 말씀에 순종하는 마음으로 갔다. 그런데 스물여섯 살 애송이 전도사가 직장인들을 앞에 두고 무엇을 설교할 수 있단 말인가? 그때부터 성경을 볼 때 직업관의 관점으로, 나 자신이 직장인이라고 생각하면서 하나님이 주시는 말씀을 부지런히 찾아서 나누었다. 매주 한 번씩 가서 설교하는 그 일을 5년 2개월 동안 계속했다. 그 와중에 서울 회현동에 있는 성도교회에 교육전도사로 가게 되었고, 그때도 교회에서 여는 수요 직장인예배를 섬기는 일을 해야 했는데, 신우회를 인도하고 있는 나의 경험이 도움이 되었다.

그 교회에서 4년을 섬긴 후 1997년에 방선기 목사님의 인도로 직장사역연구소에 들어온 지 이제 만 21년이 넘었다. 그 기간만큼 직장사역을 해오고 있다. 마라톤 타자기를 만들던 동아정공 신우회도 섬겼는데, 점심시간이 50분밖에 되지 않아 25분간 부리나케 예배를 드리고 구내식당으로 뛰어가야 식사하고 자판기 커피 한 잔 마신 후 오후 작업현장에 들어갈 수 있는 열악한 조건에서도 열심히 섬기던 그들이 지금도 생각난다. 여러 신우회들을 섬겼고, 지금도 계속하고 있다. 켄싱턴호텔, 퓨처테크 등의 회사에서 사목으로 섬기기도 했다. 지금은 동양물산기업(주)의 사목으로 17년째 섬기고 있고, 3년여 전부터는 제이에스건설(주)도 섬기고 있다.

직장생활의 경험이라곤 없는 내가 이렇게 직장사역을 오랫동안 하게 되리라고는 미처 생각하지 못했다. 직장사역연구소에 있으면서 동역기관이었던 한세출판사에서 편집장 겸 살림살이를 책임지는 일을 4년 5개월 동안 했던 것도 전혀 상상하지 못했던 일이었다. 그런데 그런 경험들이 내 삶의 한 부분을 이루고 있다. 하나님이 나를 그렇게 인도하셨음을 고백하지 않을 수 없다. 이런 삶이 바로 에스라서 10장에 나오는 스가냐의 모습이 아닌가? 한국교회가 아직 관심을 못 기울이고 있는 흩어진 교회 사역의 한 부분인 직장사역을 제대로 할 수 있도록 돕는 헬퍼의 역할을 하고 있는 것이다.

한국교회는 그간 모인 교회에 많은 비중을 두고 사역해왔고, 그런 집중이 세계교회가 주목한 부흥의 한 요인이기도 했다. 그러나 이제 흩어진 교회에 대한 관심이 하루빨리 대두되어야 한다. 바람직한 흩어진 교회의 모습은 성도들이 평일에 세상에서 가족과 직장인, 사회인, 세계인의 한 사람으로 어떻게 살아갈지 격려해주는 것이다. 교회생활을 통해 이루어야 할 사명이 있지만, 마찬가지로 세상 속에서 성도들이 이룰 사명이 있다. 이 부분이 회복되고 세워져야 오늘날 세상의 비난을 받는 한국교회의 위상을 제대로 세우고, 복음 사역을 통해 하나님의 나라를 세우는 일을 잘할 수 있을 것이다.

크리스천 직장인들이 교회에서 이런 사명을 가르침 받고 훈련 받을 수 있도록 돕는 일이 시급하다. 내가 지금 가장 중점을 두고 있는 일은 바로 직장인들을 세상 속의 그리스도인으로 세워주는 일터사역을 어떻게 프로그램화하고 자료화하여 교회에 접목시킬지 연구하고 실행하는 일이다. 여러 교회에서 효과적으로 자리 잡고 있는 가정사역 프로그램들보다는 아직 인지도가 낮은 일터사역을 목회자들에게 최대한 인식시켜서 건강한 교회를 세우도록 돕는 일, 그 비전을 이루기 위해 계속해서 노력하고 있다. 일터사역학교 프로그램들을 계발하여 교회나 신우회, 크리스천 기업들이 자체적으로 일터사역을 접목할 수 있도록 하고 있다. 〈요셉 비전학교〉〈다니엘 일터선교사 학교〉〈크리스천 성공학교〉 등 12개의 학교 프로그램들을 계발해서 강사 워크숍을 열고, 교회나 일터에 보급하는 일에 힘쓰고 있다. 돌아보면 나의 이런 일이 바로 35년 전 에스라서 10장에서 발견한 말씀에 기반을 둔 일이었다. 스가냐와 같이 돕는 조력자의 역할을 앞으로도 계속 해나가려고 노력하고 있다.

비전 - 미션 - 전략으로 인생을 설계하라

비전과 관련해서 가장 자주 오해하는 것이 비전과 목표를 혼동하는 것이다. 우리의 학교와 일터의 동료들은 인생의 어떤 목표를 가지고 살아가는가? 돈을 많이 벌고, 승진하고, 명예를 누리고, 가정의 행복을 추구하는 인생의 목표들을 가지고 있지 않던가? 그렇다면 우리 크리스천들은 그런 목표를 가져도 좋은가? 아니면 우리는 세상에서 살아가면서 가난을 감수하며 늘 사람들의 뒤치다꺼리를 하면서 겸손하고 선하게 그늘에서 숨어 지내야 하는가?

나는 우리 크리스천들 역시 세상 사람들과 같은 목표들을 추구할 수 있다고 생각한다. 그러면 크리스천과 넌크리스천의 차이는 무엇인가? 똑같이 돈을 벌 수 있고 높은 지위를 목표로 산다면 구별되는 점이 무엇인가? 세상 사람들은 돈을 벌고 명예를 얻는 것이 인생의 목표인데, 그 이후가 없다. 그것 자체로 만족한다. 그러나 우리 크리스천들은 돈과 명예와 지위가 인생의 끝이 아니라 수단이다. 그 수단을 통해 궁극적으로 이룰 것이 있다. 그것이 바로 하나님이 주신 비전이다. 크리스천이라면서도 이 사실을 모르고 세상 사람들처럼 그럴 듯한 목표 추구에만 만족하는 사람이 있다면, 그는 하나님의 비전과는 거리가 먼 사람이다.

가만히 생각해보라. 요셉이 어릴 때부터 뭇사람들이 존경하는 높은 지위에 오를 것이라는 꿈을 꾸었는데, 과연 애굽의 실권 1인자인 총리대신이 되었을 때 그것이 곧 그의 인생의 비전을 이룬 것이었는가? 아니다. 요셉은 분명히 알고 있었다. 하나님이 자신을 그 높은 지위에 올리신 것은 인생의 목표였다. 그러면 그 목표를 수단으로 하여 이룰 비전은 무엇이었는가? 요셉 자신이 진술한다. 이스라엘 백성들을 기근으로부터 보호하고, 애굽에서 후손들을 번성하게 하려는 것과 세계만방에 하나님의 통치로 나타내 보이시는 비전을 이루기 위해 하나님이 자신을 애굽으로 보내셨다고(창 45:7-8).

이런 의미에서 우리 크리스천들의 비전은 누구에게나 분명하다. 하나님의 나라를 위해 자신의 직업분야에서 일하는 것이다. 전업주부도 일하는 사람으로 본다면 비전을 세우는 일에 예외가 될 사람은 없다. 하나님 나라의 확장을 위해서 직업을 통해 일하는 자체가 우리의 비전이고, 삶을 통해 입을 열어서 전도하는 일 또한 우리의 비전이다. 이런 비전은 우리가 평생 추구해야 할 인생의 큰 그림이다. 하나님이 계획하신 나의 인생을 찾아가는 과정이기도 하다. 이 비전을 한 문장으로 만들어볼 필요가 있다. 어떤 분야에서 하나님의 나라를 확장하면서 살아갈 것인가 적어보는 것이다. 요셉의 경우에는 목동-노예-죄수의 삶을 거쳐 총리라는 높은 지위(목표)에 올라서 세상에 하나님의 통치를 드러내고 언약 백성들을 구하는 일(비전)을 하게 되었다. 요셉에게 확인할 수 있는 비전을 참고로 하여 당신의 비전을 종이에 적어보라.

그리고 미션(Mission)은 자기의 비전을 이루기 위한 구체적인 인생의 준비들이라고 할 수 있다. 대학에서 전공을 선택하거나 졸업 후 직장의 선택, 결혼과 같은 일들이 바로 미션이다. 특히 젊은 날에 이런 미션 과목들을 위해 많은 노력을 해야 한다. 직업을 선택하고 배우자를 만나 결혼하는 중요한 인생의 절차들을 사명감을 가지고 수행할 수 있어야 한다.

이 구체적인 미션을 이루기 위해서 필요한 것이 구체적인 전략이다. 이 전략이 바뀔 수 있는 것은 당연하다. 해가 바뀌어도 전략이 바뀌지 않는 것은 문제가 있다. 5년 전의 전략과 올해 나의 전략이 같다면 5년 동안 성장하지 못한 것이다. 우리는 흔히 전략만을 염두에 두고 살아간다. 그래서 연말만 되면 계획 세우기에 바쁜데, 사실 전략은 비전과 미션의 분명한 정립 후에 구체적으로 수립해야 한다. 비단 연말뿐만 아니라 수시로 우리 인생의 비전을 확인하고 미션을 수정하면서 전략을 변경하고 점검할 수 있어야 한다. 전략은 자기 계발이라고 할 수 있다. 직장생활을 하더라도 전인적인 측면에서 성장하도록 스스로 관리해야 한다. 어떤 부분에서 자기 관리를 해야 하는가? 예수님이 자라나신 모습에서 힌트를 얻을 수 있다. "예수는 '지혜'와 '키'가 자라가며 '하나님'과 '사람'에게 더욱 사랑스러워 가시더라"(눅 2:52). 지적인 성장, 신체적인 성장, 영적인 성장, 사회적인 성장을 위해 계획을 세워서 노력해야 한다.

이렇게 비전과 미션에 근거해서 전략을 세우는 모습을 솔로몬 왕에게서 찾아볼 수 있다. 솔로몬은 왕위에 오른 후 기브온 산당에서 제사를 드렸다. 꿈에 하나님이 나타나 솔로몬에게 소원을 말하라고 하시자 솔로몬은 이렇게 기도했다. "나의 하나님 여호와여 주께서 종으로 종의 아버지 다윗을 대신하여 왕이 되게 하셨사오나 종은 작은 아이라 출입할 줄을 알지 못하고 주께서 택하신 백성 가운데 있나이다. 그들은 큰 백성이라 수효가 많아서 셀 수도 없고 기록할 수도 없사오니 누가 주의 이 많은 백성을 재판할 수 있사오리이까. 듣는 마음을 종에게 주사 주의 백성을 재판하여 선악을 분별하게 하옵소서"(왕상 3:7-9).

이 기도에 인생의 비전-미션-전략이 다 들어 있다. 솔로몬은 자신이 평생 이루어야 할 비전(그의 이름대로 이스라엘과 세상에 선포하는 샬롬)이 무엇인지 알았다. 아버지 다윗 왕이 평생 추구한 그 비전을 이루기 위해 자신에게 미션(이스라엘의 왕)이 주어진 것을 깨달았다. 또한 그 미션을 이루기 위해 필요한 전략(재판하는 지혜)이 무엇인지도 알고 있었다. 솔로몬이 이렇게 기도한 것이 하나님의 마음에 들었다(왕상 3:10). 장수나 부유함이나 원수에 대한 복수를 구하지 않고 송사를 듣고 분별하는 지혜를 구했으니 지혜를 주겠다고 약속하셨다. 그리고 솔로몬이 구하지 않은 부귀와 영광도 다 주겠다고 하셨다(왕상 3:11-14).

솔로몬이 했던 비전 기도의 특징은 미션(왕이라는 지위)보다는 전략(지혜로운 재판을 하는)에 초점이 맞춰져 있다. 우리가 비전을 이해하는 중요한 한 관점이 바로 이것이다. 몇 년 전에 EBS의 특강을 우연히 들었는데, 김미경 강사가 비전에 대해서 이야기했다. 핵심은 자녀들에게 꿈에 대해 명사로 정해주지 말라는 권고였다. 명사가 아닌 형용사가 진정한 비전의 가치관을 결정하고 성장함에 따라 진화하여 참된 꿈을 성취하게 하는 원동력이라는 내용이었다. 예를 들어 '의사'라는 명사로 꿈을 정해주지 말고 형용사로 꿈꾸게 하라는 것이다. '강남에서 돈 많이 버는 (의사)' '사람들에게 봉사하는 삶을 사는 (의사)' '연구하고 가르치는 (의사)' 등으로 말이다.

이렇게 형용사에 초점이 맞춰진 비전으로 솔로몬을 평가해보면 솔로몬은 '지혜를 추구하는 (왕)'이어서 하나님이 기뻐하셨다. 요셉을 평가해보면 그는 애굽의 총리라는 고위관리의 타이틀을 얻는 비전을 꿈꾸었지만 그 타이틀에 강조점이 있는 삶이 아니었다. '많은 고난을 통해 내공이 깊고 배신도 많이 당해 용서의 미덕을 배운 (고위관리)'였다. 위에서 소개한 나의 비전의 형용사는 '일터사역을 위한 헬퍼의 역할로 하나님 나라의 건설을 돕는 (목사)'이다.

그런데 솔로몬이 기브온 산당에서 했던 이 기도를 평생에 단 한 번만 했다고 생각하지 않는다. 아마 두루마리에 잘 써서 집무실에 걸어놓았을 것이다. 솔로몬은 인생을 살아가면서 초심을 잃은 것이 안타깝지만, 우리는 솔로몬의 실패를 반복하지 않아야 한다. 하나님이 기뻐하시는 바람직한 형용사를 추구해야 한다.

하나님이 주신 꿈을 잃지 않고 평생 노력했던 사람 요셉과 관련해서 꼭 기억해야 할 사실이 있다. 꿈꾸는 자 요셉이 미워서 죽이려고 하다가 노예로 팔았던 형들은 요셉이 꿈을 이루는 비전 성취의 삶에 있어 들러리에 불과했다는 점이다. 그들은 원하지도 않았고 자신들도 몰랐지만, 결국 요셉의 비전 성취에 큰 도움을 주었다. 요셉을 미워하여 애굽에 팔았는데, 결국 요셉을 애굽에 '유학' 보냈던 셈이다. 그들은 나중에 자신들이 노예로 팔았던 요셉의 꿈 때문에 생명을 보존할 수 있었다.

우리는 우리의 인생을 하나님이 기뻐하시는 방향으로 살아가기 위해서 반드시 비전을 가져야 한다. 특히 젊은 날에는 비전이 잘 보이지 않을 수 있지만 하나님에게 기도하고 말씀에 집중하며 세상을 주시하다 보면 틀림없이 보여주실 것이다. 세상 사람들처럼 허황된 야망을 좇아 부와 지위와 명예에만 치중하지 말고, 하나님의 나라와 하나님의 의를 구하는 인생의 우선순위를 분명하게 해야 한다(마 6:33). 그렇게 하나님이 주신 당신의 꿈을 붙잡아라!

C·H·A·P·T·E·R·2

책임감으로 일찍부터 준비된 그릇

어릴 적부터 책임감으로 인정받은 요셉
탁월한 성실, 큰 역사를 이루는 계기
꿈꾸는 자들의 성실함 : 청소를 하면서도
다른 사람의 꿈에 더 관심을 둔 사람들

✳ ✳ ✳ ✳ ✳

세겜 땅은 야곱 가족에게 좋지 않은 기억을 남긴 장소였다. 과거 야곱의 딸 디나가 세겜 종족 추장의 아들에게 강간당하는 사건으로 인해 시므온과 레위가 세겜 종족들을 멸족시켰다. 이 사건을 제대로 수습하지 못했던 야곱이 주변 종족들의 반격으로 가족이 몰살당할 수 있다는 두려움으로 떨었던 적이 있다(창 34:30). 시간이 흘러 세겜 땅에서 위험요소가 사라지고 안전에 문제가 없었던 것일까? 만약 과거의 일로 인해 위험요소가 남아 있었다면 야곱이 아들들을 그곳으로 보내지도 않았을 것이다.

일을 위한 세겜 행이 위험하지는 않았다 하더라도 야곱이 어린 요셉을 세겜까지 심부름을 보낸 이유를 짐작하기는 쉽지 않다. 왕복하면 최소한 열흘은 걸릴 만한 먼 길에 홀로 심부름을 보냈던 이유는 무엇일까? 맹수들의 위험을 야곱 자신도 잘 알았다. 나중에 아들들이 요셉의 옷에 피를 묻혀 거짓말을 할 때 야곱은 사실로 받아들였다(창 37:32-33). 그런데도 야곱이 요셉에게 심부름을 보냈다면 야곱은 요셉을 과보호하며 키우지 않으려고 했던 것이 틀림없다. 길고 위험한 여행을 혼자 하게 할 만큼 요셉을 믿었던 것이기도 하다. 열일곱 살 요셉이 아버지 야곱에게 그토록 신뢰를 얻게 한 특징적인 미덕은 과연 무엇이었을까?

어릴 적부터 책임감으로 인정받은 요셉

야곱은 아들 요셉에게 언제나 양을 치는 일을 시키지는 않았던 것 같다. 형들은 양을 치는 일을 했지만, 요셉은 가끔 양치는 일을 하면서 다른 일을 맡기도 했다. 아버지 야곱은 요셉에게 양치는 일을 시키거나 특별한 심부름을 시키면 확실하게 해내는 남다른 책임감이 있다는 것을 이미 잘 알고 있었다. 그래서 야곱은 이번에도 요셉에게 쉽지 않은 심부름을 시켰던 것이다. 실제로 요셉은 아버지가 심부름을 시키자 열심히 그 일을 감당했다. 당시 요셉이 살던 헤브론 골짜기에서 형들이 머무르는 세겜까지의 거리는 지도상 직선거리로만 80킬로미터가 넘었다. 구불구불하고 구릉이 많은 산악지형으로 100킬로미터에 이르는 여정이었다. 열일곱 살 소년이 걸어간다면 족히 닷새 이상은 걸렸을 것이다. 그런 멀고 위험한 심부름을 시켰는데도 요셉은 기꺼이 순종했다(창 37:13).

"네 형들이 세겜에서 양을 치지 아니하느냐. 너를 그들에게로 보내리라."

"내가 그리하겠나이다."

마치 종이 주인에게 대답하듯 아무런 이유도 대지 않고 순종하는 요셉의 모습을 볼 수 있다. 창세기 37장에서 요셉의 어린 시절을 묘사하는 기록을 보면 요셉은 다소곳하거나 순종적인 성격은 아니었다. 형들의 잘못을 아버지에게 고해바쳐 형들과 갈등을 빚었다. 굳이 말하지 않았으면 좋았을 꿈 이야기를 반복하여 더욱 미움을 받았던 요셉이 아닌가? 그렇게 다소 건방지고 튀는 이미지와는 어울리지 않는 다소곳한 순종형의 요셉을 여기서 볼 수 있다. 그 먼 곳까지 어린 소년 요셉은 혼자 심부름을 하러 갔다. 아마도 형들을 만나면 전해줄 음식과 자신의 여행 짐을 짊어지거나 짐승에 싣고 갔을 것이다.

며칠을 노숙하고 난 후 세겜에 도착했다. 그런데 형들이 보이지 않았다. 그래서 그곳의 들과 골짜기를 샅샅이 뒤지며 헤맸다. 한 사람이 보니 그가 세겜 들에서 무언가를 찾느라 방황하고 있었다고 한다. 이런 모습 또한 얼마나 성실하고 멋지게 일하는 모습인가! 요셉은 자신에게 맡겨진 일을 책임감을 가지고 완벽하게 수행하기 위해 노력하는 아이였다. 아버지가 이런 요셉을 믿었던 것은 당연해 보인다.

한 사람이 요셉에게 형들은 도단으로 떠났다고 알려주었다. 그런데 세겜에서 도단까지의 거리도 만만치는 않았다. 직선거리로 25킬로미터, 산악지형 30킬로미터에 이르는 길이었으니 또 꼬박 하루 이상 열심히 걸어야 했다. 그래도 요셉은 포기하지 않았다. 그런데 문제는 세겜에서 도단까지 가면 형들을 만나고 나서 돌아갈 길은 그만큼 더 멀어진다는 것이었다. 도단은 요셉이 떠나온 남쪽 헤브론 방향이 아니라 북쪽이었다. 도단까지 갔다 오려면 적어도 사나흘은 더 필요했다. 그런 사실을 잘 알고 있으면서 요셉은 아버지가 지시하신 심부름을 제대로 감당하려고 애썼다.

이미 세겜에서 한참을 헤매 시간을 보냈고, 도단까지 갔다가 돌아가면 헤브론에 있는 아버지는 더욱 걱정을 하실 것이었다. 하지만 요셉은 포기하지 않았다. 자신을 믿고 보낸 아버지의 심부름이니 시간이 며칠 더 걸리더라도 반드시 완수해야 한다고 생각했다. 요셉이 일하는 모습에서 보여준 성실함은 이렇게 어린 시절부터 분명하고도 탁월했다. 힘든 심부름도 군말 없이 순종했고, 도중에 복잡한 상황이 생겨도 절대 포기하지 않고 책임을 완수하기 위해 노력했다.

더구나 이번 심부름도 그리 기분 좋은 일은 아니었음을 요셉 자신도 알고 있었다. 이번에도 아버지는 오랫동안 떨어져 있는 아들들의 안부를 확인하는 심부름을 보내면서 나름의 목적을 가지고 있었다. 예전에 빌하와 실바의 아들들이 일하던 곳으로 보냈던 것 같은(창 37:2) 일종의 '감시' 목적으로 요셉을 보냈을 것이다. 형들이 엉뚱한 짓은 하지 않는지 확인하려고 아버지 야곱이 요셉을 보낸 것이었으리라. 그런 껄끄러운 심부름이었는데도 요셉은 기꺼이 갔고, 중도에 포기하지도 않았다.

사람들은 보통 어떤 사람을 신뢰하는가? 믿을 만하게 행동하는 사람을 믿는다. 신뢰가 가지 않는 사람은 아무리 일을 잘한다고 주장해도 믿지 않는다. 믿어주고 싶지 않은 것이다. 그러니 능력 그 자체보다도 어쩌면 일하는 태도, 즉 성실함이 일을 해서 인정받는 데 도움을 주는 덕목임을 알 수 있다. 일터에서 일할 때도 우리 크리스천 직장인들은 윗사람이나 동료, 심지어 아랫사람들에게도 이렇게 신임받을 만한 책임감과 성실함을 보여야 한다.

탁월한 성실, 큰 역사를 이루는 계기

성경에는 이렇게 성실함을 분명하게 보여주는 사람들이 있다. 사울 왕의 신하들은 가끔 악령에 사로잡히는 사울 왕에 대해 고민하다가 일종의 음악치료를 생각했다. 악령을 쫓아낼 정도로 영감 있게 수금을 잘 타는 사람을 찾았고, 추천을 받아서 베들레헴에 사는 이새의 아들 다윗을 선발했다. 그렇게 발탁되어 사울 왕의 악사 겸 비서의 일을 하게 된 다윗은 여전히 자기 집안의 양치는 일도 맡아서 해야 했다. 양치는 일은 날이 밝으면 양을 우리에서 내어 풀이 있는 곳으로 옮겨놓고 일일이 돌봐야 하고, 어두워지기 전에 양을 우리에 다시 들여놓는 것이었다. 밤에는 우리 안에 있는 양들을 지켜야 했다. 물론 먼 지역으로 가서 양들을 돌봐야 할 때는 들에서 잠을 재워야 했고, 그렇게 낮과 밤에 양들을 돌봐야 하는 것은 당연했다. 그래서 다윗은 출근할 때는 집안의 종들이나 고용한 사람들에게 양을 맡겨 돌보게 했고, 퇴근하고 돌아와서는 양들을 인계받아 돌보면서 밤 동안 양들을 지켰다. 그러니 다윗은 두 가지 일을 함께한 성경 최초의 '투잡스'라고 할 수 있다.

그렇게 출퇴근을 하면서도 집안일까지 다 감당했는데, 당시 사울 왕은 엘라 골짜기에 나가 블레셋 군대와 대치중이었기에 다윗은 매일 그곳으로 출근해야 했다. 다윗의 집이 있던 베들레헴과 예루살렘까지는 4~5킬로미터 정도 되니 출퇴근이 가능한 거리였다고 할 수 있다. 그런데 베들레헴에서 엘라 골짜기까지는 지도상의 거리만으로도 25킬로미터가 넘었다. 이 거리를 날마다 왕복하면서 두 가지 일을 다 감당한다는 것은 쉽지 않았을 텐데, 다윗은 그 일을 여러 날 동안 해내었다. 40일 동안이나 그 일을 해내고 있었다(삼상 17:1-16).

이때 아버지 이새가 다윗에게 한 가지 심부름을 더 시켰다. 전쟁이 시작된 지 39일째 되는 날이었을 것이다. 당시 사울 왕의 군대에 참전한 세 명의 형들에게 음식을 가져다주고 안부를 확인하라는 것과 군대의 지휘관에게도 음식을 전하라는 심부름이었다. 이미 두 가지 일을 동시에 감당하는 것도 쉽지 않은데 한 가지 심부름을 더 해야 하니 어쩌면 좋겠는가?

다윗이 그 상황에서 그 벅찬 일들을 다 감당해내기 위해 행했던 비법이 있다. 의외로 간단했는데, 평소보다 더욱 일찍 일어나는 것이었다. "다윗이 아침에 일찍이 일어나서 양을 양 지키는 자에게 맡기고 이새가 명령한 대로 가지고 가서 진영에 이른즉"(삼상 17:20). 사무엘서 기자는 분명하게 다윗이 아침에 일찍 일어났다는 사실을 강조한다. 먼 길을 가야 하는데다가 무거운 짐을 지고 가야 한다면 더욱 일찍 일어나 출발하는 것이 단순하지만 유일한 해결방법이 아닌가! 주어진 일들이 벅찼지만 그 일을 제대로 감당하기 위해 노력하는 성실함이 십대 소년 다윗의 미덕이었다.

다윗이 이렇게 주어진 일을 다 감당하기 위해 일찍 일어나 출근했던 바로 그날, 성공의 기회를 잡았다. 그날따라 블레셋의 장수 골리앗이 나서서 하나님의 군대를 모욕하는 것이 다윗의 귀에 거슬렸고, 결국 그와 맞서 싸워 승리하여 다윗은 이스라엘을 구원했다. 다윗이 순종하며 성실한 자세를 보이다 보니 이렇게 놀라운 역사를 이루어낼 수 있었다.

모세 또한 이런 성실함을 잘 보여주는 사람이다. 미디안에서

40년간 목자생활을 한 80세의 모세가 어느 날 떨기나무에 불이 붙어 타는 모습을 보았다. 자신의 일터에 불이 난 것이다. 건조한 그쪽 지방에서는 자연발화로 나무에 불이 붙는 경우가 간혹 있었는데, 숲이 아니기에 저절로 꺼지곤 했다. 그런데 시간이 지나도 불이 꺼지지 않는 모습을 보고 모세는 가려던 길을 돌이켰다. 그리고 급히 가보았다. "내가 돌이켜 가서 이 큰 광경을 보리라. 떨기나무가 어찌하여 타지 아니하는고"(출 3:3).

과거에 모세는 애굽 궁궐에서 생활하며 왕위를 이을 후보로서 찬란한 애굽의 학문 세계를 접했고, 통치술을 배웠다. 그리고 나이 마흔이 되어 잊지 않고 있던 동족 히브리 민족을 구해 보려고 이스라엘 백성들 앞에 나서는 의욕을 보였다. 그런 비중 있는 일들에 비하면 당시 모세는 정말 시시하게 느껴지는 일을 하고 있었다. 자그마치 40년 동안이나 미디안 광야에서 목자로 시간을 보내다 보니 이제 그도 노인이 되었다. 그런데 모세가 이렇게 자신의 일터에서 생긴 다소 희한한 현상을 지나치지 않고 관심을 보인 것은 매우 중요하다. 하나님이 자신의 일을 성실하게 감당하는 모세를 주목하셨다.

하나님은 모세를 찾아오셨다. 하나님이 계시기에 거룩한 그 땅에서 하나님은 모세에게 새로운 소명을 주셨다. "이제 내가 너를 바로에게 보내어 너에게 내 백성 이스라엘 자손을 애굽에서 인도하여 내게 하리라"(출 3:10). 물론 처음에는 주저했지만 하나님은 모세에게 능력을 주시고 대언자를 붙여주시면서, 결국 이스라엘 백성들을 애굽에서 탈출시키기 위해 애굽으로 보내셨다. 무슨 일을 하든지·그 일을 주께 하듯이 하던 모세에게 하나님은 이렇게 이스라엘을 이끄는 사명을 주신 것이다. 모세가 성실함을 보여준 그의 일터가 바로 새로운 소명을 받는 자리였다. 꿈을 가진 자는 성실해야 하고, 성실함을 통해 새로운 사명을 부여받는다. 이런 원칙을 모세는 잘 보여주고 있다.

꿈꾸는 자들의 성실함 : 청소를 하면서도

요셉이 아버지의 심부름을 하면서 보여주었던 탁월한 성실은 그가 꿈을 분명하게 가지고 있었기 때문에 가능했다. 현실 속에서 뭔가 획기적인 일이 당장 일어날 기미는 보이지 않지만 하나님이 주신 꿈을 부여잡고 사는 사람은 살아가는 자세가 남다를 수밖에 없다. 요셉은 늘 자신이 꾼 꿈에 관심이 있어서 사람들이 듣기 싫어해도 꿈 이야기를 하고 다녔다. 그는 그렇게 꿈을 흘리고 다니면서 동시에 자신의 꿈을 이룰 만한 행동을 하고 다녔다. 다름 아닌 성실함을 보여준 것이다. 꿈을 가진 사람들은 많다. 그런데 꿈을 가진 사람들이 다 꿈을 이루는 것은 아니다. 꿈을 이루기 위해 각고의 노력을 기울이는 사람들이 꿈을 이룬다. 땀을 흘려야 하는 것이다.

대학에 들어갈 꿈을 가진 한 아프리카계 미국인 소년이 있었다. 그의 나이는 열여섯 살이었다. 웨스트버지니아 햄프턴대학에 도착한 소년은 백인 학장에게 찾아가 대학에서 공부할 수 있게 해달라고 간청했다. 그러나 학장은 보잘것없어 보이는 흑인 소년에게 강당 청소를 해보라고 했다. 그러자 소년은 "주님, 제 꿈을 이루어주옵소서!"라고 기도하면서 열심히 청소를 했다. 저녁에 학장이 강당에 와서 보니 청소 상태가 너무나 완벽했다. 소년은 기도하면서 두 번씩이나 강당을 구석구석 청소했던 것이다. 그 일로 인해 입학 허가를 받은 소년은 후일 그 학교의 학장이 되었고, 두 개의 흑인 대학을 세웠다. 그가 바로 노예의 아들로 태어나 미국의 위대한 교육가로 평가받는 부커 워싱턴이다.

교육을 통해 우리 민족을 살릴 수 있다는 꿈을 가졌던 안창호 선생도 청소의 대가였다. 그는 어느 날 이력서를 쓰면서 특기를 기록하는 란에 두 가지를 썼다. 하나는 배의 노를 잘 젓는 것이었고, 다른 하나는 청소였다. 한번은 어느 미국인의 저택에서 청소를 하게 되었다. 사람의 손이 닿지 않는 구석까지 직접 만든 청소 도구들을 활용해 깨끗하게 청소했다. 그 집주인이 베란다에서 내려다보니 안창호가 마치 자기 집을 청소하듯 성실히 청소하고 있는 것이었다. 감동을 받은 주인은 일이 끝난 후 "도대체 당신은 어느 나라 사람이오?"라고 물었다. 그때 안창호 선생은 한국 사람이라고 떳떳하게 대답했다. 그러자 그 주인은 처음에 약속한 돈보다 50퍼센트나 더 얹어주었다고 한다. 꿈을 가진 자의 성실함을 잘 보여준 것이다.

직장사역연합 대표이신 방선기 목사님도 미국에서 유학하던 중 청소로 인한 중요한 교훈을 얻었다고 한다. 아르바이트를 하는데 야간에 건물 하나를 맡아서 청소하는 일이었다. 그런데 어느 날 일이 너무 힘들고 짜증이 나서 청소도구를 팽개쳤다. 하나님에게 원망하는 마음도 들었다. 돈 몇 푼이 없어서 유학 와서 밤새 청소나 하고 있으면 되겠느냐고, 다른 사람들은 다 공부하는데 어떻게 공부를 마치고 돌아갈 수 있겠는지 화가 났다. 그러다가 하나님이 깨닫게 해주신 말씀이 있었다. 골로새서 3장 23절 말씀이었다. "무슨 일을 하든지 마음을 다하여 주께 하듯 하고 사람에게 하듯 하지 말라." 평소에도 알던 말씀이었다. 그 후 청소하는 현실은 달라지지 않았지만 청소하는 의미를 발견하게 되었다. 힘들고 어려운 그 일도 바로 하나님의 일이라는 자각이 생겨났던 것이다. 이 구절에 대한 깨달음을 계기로 직장사역을 하게 되었다. 지금도 직장사역연합의 주제 성구가 바로 골로새서 3장 23절 말씀이다.

이 귀한 일, 청소를 어쩔 수 없어서 하는 것으로 여기지 말고 중요한 일의 하나로 여긴다면 우리의 삶이 달라질 수 있다. 무엇을 말하는가? 우리가 일터에서 늘 하는 일, 하찮고 시시한 일, 바로 그 일을 성실하게 잘하면 우리 인생이 의미 있게 된다. 하나님이 원하시는 것이 바로 우리의 이런 성실한 모습 아니겠는가?

마틴 루터 킹 목사가 이런 말을 했다.

"그것이 무엇이든 우리는 자신이 평생을 바쳐 온 일을 멋지게 해내야 한다. 모두에게 특별하고 전문적인 일이 요구되는 건 아니다. 극소수의 사람들만이 과학과 예술의 천재라는 정상에 오른다. 다른 많은 사람들은 공장과 밭, 거리에서 노동해야 한다. 하지만 이 세상에 중요하지 않은 일은 없다. 인류에게 보탬이 되는 모든 노동은 존엄하고 중요한 것이다. 누군가에게 거리를 청소하는 일이 맡겨진다면 그는 미켈란젤로가 그림을 그리고, 베토벤이 교향곡을 작곡하고, 셰익스피어가 시를 쓰듯 청소해야 한다. 너무 깨끗이 청소해서 천사들이 걸음을 멈추고 이렇게 말하게 해야 한다. '여기, 자기 일을 훌륭히 해낸 위대한 청소부가 살았다'고."

킹 목사가 예로 든 셰익스피어가 어느 날 식당에 들어가서 점심을 먹고 있었다. 그때 그 식당에 있던 사람들이 모여 와서 셰익스피어에게 정중히 인사를 했다. 그러자 현관을 청소하던 식당의 한 종업원이 빗자루를 땅에 던진 채 땅이 꺼질 듯한 한숨을 내쉬었다. 그것을 본 셰익스피어가 그를 불렀다. 왜 그렇게 화가 났느냐고 물었더니 자기도 선생과 똑같은 사람인데 선생은 많은 사람들의 존경을 받고, 자신은 호구지책으로 식당 청소나 하고 있으니 한심스러워 한숨이 절로 나온다고 말했다. 그러자 셰익스피어가 말했다.

"친구여, 한탄하지 마시오. 그대와 나는 지금 같은 일을 하고 있소. 나는 펜으로 하나님이 지으신 우주의 한 부분을 표현하고 있고, 그대는 지금 하나님이 지어 놓으신 이 세계의 한 모퉁이를 깨끗하게 하는 책임을 감당하고 있는 것이오. 만일 그대가 그 귀한 사명을 감당하지 않으면 하나님이 지어 놓으신 이 지구의 한 모퉁이는 더러워지지 않겠소?"

작은 일이 귀하다. 청소하는 일은 절대 하찮지 않다. '사소한' 일일 수 있어도 '시시한' 일은 아니다. 그 일을 어떻게 하느냐에 따라 하나님이 맡기신 우주를 아름답게 가꾸는 귀한 일이 될 수 있고, 그저 죽지 못해 하는 귀찮은 일이 될 수도 있다.

다른 사람의 꿈에 더 관심을 둔 사람들

꿈이 있기에 성실했던 요셉이 인생을 대하는 자세는 형들이 가지고 있던 태도와 분명한 차이를 보였다. 형들도 꿈이 관심사이긴 했다. 그런데 하나님이 자신들에게 주신 꿈에 관심을 가진 게 아니라 요셉의 꿈에 관심이 많았다. 요셉이 입고 있던 채색옷으로 인해 멀리서도 그가 오는 것을 금방 알아챘던 형들은 이렇게 말한다. "꿈 꾸는 자가 오는도다. 자 그를 죽여 한 구덩이에 던지고 우리가 말하기를 '악한 짐승이 그를 잡아먹었다' 하자. 그의 꿈이 어떻게 되는지를 우리가 볼 것이니라"(창 37:19-20).

형들의 관심사는 요셉의 꿈이 과연 이루어지는지 확인해보자는 것이었다. 내기를 할 수 있었다면 했을 것이다. 요셉의 형들은 자신들의 꿈에는 관심이 없었다. 오직 요셉의 꿈에만 관심이 많았다. 꿈이 없는 사람들은 이렇게 다른 사람의 꿈에나 관심을 보인다. 꿈꾸는 사람의 태도를 마음에 들어 하지 않는다. 형제가 가진 비전에 대해 박수쳐주고 격려해줄 생각은 못하고, 우리가 죽여 버리면 과연 그 꿈이 어떻게 이루어지는지 두고 보자며 이를 간다.

그나마 맏형인 르우벤이 집에서 130킬로미터나 떨어진 곳까지 자기들을 찾아온 동생 요셉을 죽이려는 형제들을 말렸다. 그는 형제들을 설득해 요셉을 아버지에게 데려가려고 했다. 르우벤에게는 맏아들이라는 책임감이 남아 있었던 것일까? 자신의 장자권을 동생 요셉에게 빼앗긴 셈인데도 르우벤은 맏형다운 아량을 보여주었다. 어떤 일을 하려고 했는지 르우벤은 형제들을 떠나 있었고, 다른 형들은 동생 요셉을 깊은 구덩이에 던져놓고 앉아서 음식을 먹고 있었다. 아마도 아버지가 요셉 편에 보낸 음식이었을 것이다.

결국 르우벤이 손을 쓰기 전에 유다가 제안해 요셉을 멀리 애굽으로 가는 무역 상인들에게 팔아 버렸다. 그리고 형제들은 집에 돌아가서 아버지 야곱에게 감쪽같이 거짓말을 했다. 야곱이 요셉에게 지어준 채색옷에 피를 묻히고 찢어서 가져다주며 아버지에게 요셉의 것인지 확인해 보시라고 했다. 이후 요셉의 형들은 한두 명도 아니고 열 명이 비밀을 간직하기 위해 얼마나 고민스러웠을까 상상해본다. 잠꼬대까지 신경 쓰면서 양심의 소리에 죄책감을 느꼈을 것이다.

그런데 이렇게 아들들에게 심각한 거짓말을 당한 야곱의 입장을 생각해보자. 야곱이야말로 자기 아버지와 형, 그리고 밧단아람에서 외삼촌 라반을 속이면서 살아왔던 사람이다. 그가 이번에는 자식들에게 감쪽같이 속아 넘어갔다. 과거 아버지 이삭이 에서를 축복하려고 할 때 야곱은 염소 새끼의 가죽을 손과 목에 붙이고 에서의 옷을 입어서 아버지를 속였다(창 27:15-16). 그런데 이번에 야곱은 아들들에게 염소 피에 적신 요셉의 옷을 받아보며 속았다(창 37:31-32). 속인 대로 속임 당하는 너무도 정확한 하나님의 응보가 두렵고 떨릴 정도이다.

야곱은 자그마치 20년 이상이나 자식들에게 속아서 슬픔과 자책 속에 살았다. 따지고 보면 자신이 보낸 심부름 길에 험한 일을 당해 요셉이 짐승에게 잡아먹힌 것이었으니 아버지의 입장에서 얼마나 한스럽고 안타까웠겠는지 상상하고도 남는다. 100세가 넘은 노인이 참으로 처절한 노년을 보내야 했다. 오늘 우리가 살아가면서 거짓말을 하지 말고 정직하게 살아야 할 이유 한 가지를 발견할 수 있다.

거짓과 가증스러운 행동이 난무하던 '야곱 목장'에서 요셉은 성실한 땀을 무기로 꿈을 키워갔다. 편애, 살인의 위협, 인신 매매, 지독한 거짓말과 가증스러운 행동이 난무하던 곳에서도 요셉은 될성부른 떡잎이었다. 힘든 여건이었지만 순종과 성실로 인생 수업을 해나갔다. 요셉은 하루하루 차곡차곡 수업량을 쌓아나갔고, 그 일은 하나님의 은혜와 합해져서 그의 인생의 중요한 자양분이 되었다.

요셉은 구덩이에서도 은혜를 입었다. 요셉이 갇힌 구덩이는 바위를 파내어 만든 것으로 입구가 좁고 아래가 넓어지는 모양이어서 외부의 도움 없이는 빠져나올 수 없는 구덩이였다. 빗물을 저장하는 곳이었으나 물이 없어 비어 있었던 것도 은혜였다. 큰형 르우벤이 장자의 덕을 발휘해 그를 살리려 해서 죽음을 면했고, 유다가 노예로 팔자고 하여(창 37:28) 몰매를 맞거나 폭행을 면했다. 미디안 상인들은 증조할아버지 아브라함의 후처 그두라의 소생 미디안의 후손들이니 형제들에게 노예로 팔려서 더 가슴 아플 수도 있었다. 그러나 형제에게 팔렸으니 그나마 더 학대받지 않는 은혜를 누렸을 것이다.

애굽에서 노예로 팔릴 때 그 많은 노예 주인들 중에 애굽의 치리자 바로의 신하였던 친위대장 보디발에게 팔렸다. 이 또한 큰 은혜가 아닌가? 어린 나이에 형들에게 팔려 노예로 전락한 요셉이었으나 꼬리에 꼬리를 무는 은혜를 입으며 요셉은 애굽에 도착했다. 이제 그의 어린 시절의 중요한 특징인 성실함의 미덕이 더욱 빛나게 될 것이다. 애굽에서 펼쳐질 요셉의 인생 수업이 더욱 기대된다.

C·H·A·P·T·E·R·3

이해할 수 없어도 무언가 되어가고 있다

요셉의 고통보다 더 근본적인 하나님의 섭리
꿈을 죽이는 집요한 죄악의 유혹을 이겨내라
달아나려는 요셉을 돌보시는 하나님의 노심초사
언제까지 기다려야 합니까? 말씀이 응할 때까지

✳ ✳ ✳ ✳ ✳

이어령 박사의 책 「젊음의 탄생」에는 '개미의 동선'에 대한 이야기가 나온다. 한 생태학자가 개미의 동선을 살펴보았다. 집단생활을 하는 개미가 기대와 달리 먹이를 찾기 위해 복잡하고 어수선하게 움직였다고 한다. 방황한다고 보는 것이 정확할 정도로 왔던 자리도 무수하게 다시 오가며 돌아다닌다. 그런데 개미는 먹이를 발견한 후에는 자기 집을 향해 직선으로 달려간다. 이 미스터리에 대해 학자들은 개미들이 먹이가 있는 곳에 가는 동안 태양과의 각도를 재두었다가 집으로 향할 수 있는 것이라고 실험을 통해 입증하고 있다(생각의나무 펴냄, 61-63쪽).

그런데 우리는 보통 개미가 똑바로 자신의 집으로 돌아가는 직선만을 생각하고, 먹이를 찾기까지 수많은 궤적을 그리는 곡선은 낭비라고 생각한다. 그러나 개미가 지나간 어수선한 동선들이 의미가 없는 것은 아니다. 먹이를 찾아야 집으로 돌아갈 것이 아닌가? 먹이를 기대하고 무수한 궤적을 그리며 빠르게 움직이는 그 개미의 노력을 통해 먹이를 찾을 수 있었다. 하나님의 섭리 과정을 생각할 때 우리는 결과만을 보려고 해서는 안 된다. 결과에 이르기까지 무수한 고통과 좌절의 나날을 견뎌내는 과정이 합해져야 하나님의 비전이 성취되는 것이다. 물론 꿈을 가진 하나님의 사람에게 왜 그런 고통이 계속되는지 이해하기 힘들 수도 있다. 그런데 중요한 사실은 우리가 이해할 수 없어도 무언가 되어가고 있다는 것이다. 그것이 바로 하나님의 섭리이다.

요셉의 고통보다 더 근본적인 하나님의 섭리

창세기에 역사가 기록된 네 명의 족장들 중에서 요셉의 이야기가 분량이 가장 많다. 그리고 창세기 기자가 요셉이 울었다는 기록을 여러 차례 하는 것을 보면(창 42:24, 43:30, 46:29, 50:1,10) 요셉의 감정에 대해서도 관심을 가지고 있었다. 그런데 창세기 기자는 요셉이 형들에게 죽음의 위협을 당하고 노예로 팔리는 고통을 당할 때 보였던 감정에 대해서는 기록하지 않는다. 나중에야 밝혀진다. 요셉의 형들이 애굽에 곡식을 사러 와서 요셉으로부터 정탐꾼 혐의를 받았을 때 그들이 서로 이렇게 말한다. "우리가 아우의 일로 말미암아 범죄하였도다. 그가 우리에게 애걸할 때에 그 마음의 괴로움을 보고도 듣지 아니하였으므로 이 괴로움이 우리에게 임하도다"(창 42:21).

요셉은 형들이 자기를 죽이려고 할 때 너무나 고통스러워서 형들에게 애원하며 부르짖었다. 이러지 않았을까? "형님들, 제발 이러지 마세요. 제 꿈 때문에 그러세요? 그건 꿈이잖아요? '개꿈'이란 말입니다. 또 꿈은 현실과 반대라 그러지 않습니까? 제발 살려주세요. 형님들이 원하시기만 한다면 다시는 꿈을 안 꾸겠습니다!" 얼마나 처절하고 고통스럽게 형들에게 사정했을까? 아마도 요셉은 아버지 야곱을 걱정하면서 형들의 선처를 애원하기도 했을 것이다.

독일 작가 토마스 만이 그의 역작 장편소설 「요셉과 그 형제들」에서 상상하고 있다. 형들이 요셉의 채색옷을 찢고 피를 묻힌 후 아버지 야곱에게 보여 요셉의 죽음을 믿게 하려 하자 요셉이 이렇게 외쳤다. "형님들, 제발 그것만은 참으세요! 짐승하고 옷, 그것만은 하지 마세요! 아버지께 그러지 마세요. 아버지는 감당 못하세요! 아, 저 때문에 이렇게 애걸하는 게 아니에요. 저는 이미 몸과 마음이 다 부서진 채 무덤에 누워 있어요. 하지만 아버지는 제발 봐주세요. 피 묻은 옷을 보여주지 마세요. 그건 죽음의 옷이에요! …아, 사랑하는 형님들, 제 통곡을 들으시고 아버지가 느낄 공포를 생각해주세요. 아버지께 피 묻은 옷을 보여주는 끔

찍한 일은 제발 말아주세요. 아버지는 마음이 여려서 그 일을 감당 못해요. 뒤로 나자빠지실 거예요!"(「요셉과 그 형제들」(2권) 청년 요셉, 살림출판사 펴냄, 305-306쪽).

또한 요셉은 미디안 상인들에게도 눈물 흘리며 애원했을 것이다. 이렇게 상상을 해본다. "아저씨, 아저씨들은 돈 때문에 저를 사 가시는 거죠? 우리 아버지한테 저를 데려다주세요. 아저씨들이 저를 살 때 받은 돈의 열 배를 드릴게요. 우리 아버지 부자예요. 저를 데려다주시기만 하세요. 네? 제발 부탁해요." 그러나 이런 요셉의 말을 듣고 노예로 산 사람의 가족을 찾아 나설 노예 장사치는 없다. 불법 인신매매였을 것이니 말이다. 요셉의 애원은 처절했겠지만 결국 아무런 소용도 없었다. 틀림없이 요셉은 고통스러웠을 때 부르짖었다. 그리고 하나님에게도 절규하며 기도했을 것이다.

분명히 요셉은 소리 지르고 고통을 하소연했지만 하나님이 그것을 기록하는 것을 원하지 않으셨다면 요셉의 고통, 그것보다 더욱 중요한 메시지가 있다는 것 아니겠는가? 팔려갈 때뿐만 아니라 보디발 아내의 모함에 빠져 감옥에 들어갔을 때도 요셉은 자신의 결백을 부르짖었을 것이지만, 그런 기록 또한 없다. 요셉이 했을 법한 절규나 하소연보다 그의 인생에 더욱 중요한 의미가 있다는 뜻이 아니겠는가?

어린 요셉은 그저 비틀거리며 미지의 세계로 끌려갈 수밖에 없었다. 그러면서 그는 많은 생각을 했을 것이다. 자기가 한때 꾸었던 꿈도 생각했다. 형들이나 아버지가 야단치면서 한 이야기에 따르면 높은 자리에 오르게 된다는 꿈이라는데, 이해할 수 없는 일이 자신에게 벌어지고 있었다. 귀하게 될 몸인 자신에게 닥친 현실을 종잡을 수 없었다. 하나님이 어디에 출장이라도 가셨는지, 지금 왜 자기에게 그런 험한 일이 생기는지 요셉은 알 수 없었다. "야, 임마! 빨리 걸어!" 장사꾼들이 쥐어박고 걷어차도 아픈 줄을 몰랐고, 마음속에서는 원망만 쌓여갔다. 한숨만 푹푹 내쉬며 절망 속에 빠져들었을 것이다.

그러나 그 순간 요셉이 전혀 이해할 수 없어도 무언가 되어가고 있었다. 요셉은 자기 인생을 전혀 이해할 수 없었고, 하나님에게 감사할 여유조차 없었지만 그런 절망스러운 순간에도 무언가 되어가고 있었다. 이것이 요셉의 인생 내내 반복되는 하나님의 섭리와 경륜이었다. 이것은 은혜가 아닐 수 없다. 절규하는 요셉에게 하나님이 귀를 막고 눈을 감고 계신 것 같이 보이지만 그렇지 않았다. 하나님은 계속 역사하셨다. 요셉은 알지 못하는 무엇을 만들고 계셨다. 과연 요셉의 인생에서 이렇게 절규할 수밖에 없는 순간, 그러나 하나님의 섭리를 꼭 기억해야 하는 순간들이 얼마나 되었을지 살펴보자.

꿈을 죽이는 집요한 죄악의 유혹을 이겨내라

애굽으로 끌려간 요셉은 당시 애굽의 막강한 실력자였던 친위대장 보디발의 집에 노예로 팔려갔다. 고향 집 생각이야 간절했겠지만 시간이 흐르면서 체념하고 적응했을 것이다. 어떤 새로운 환경에 부딪쳤을 때 처음에는 괴롭고 답답해도 시간이 좀 흐르면 익숙해지곤 하는 경험을 우리도 한다. 그것이 우리네 인생살이다. 아마 요셉도 그런 과정을 거쳤을 것이고, 하나님이 함께하셨고 성실하게 일하자 요셉은 주인인 보디발의 신임을 얻었다. 그 과정도 결코 쉽지 않은 세월이었겠으나 요셉은 타고난 성실함과 능력으로 인정받고 신뢰를 쌓아나갔다.

그런데 이게 웬일인가? 보디발의 아내인 주인마님이 유혹을 했다. 용모가 빼어나고 아름다웠던 요셉을 보고 보디발의 아내가 성적 충동을 느꼈던 모양이다. 성적 충동은 누구에게나 있는 것이고 부끄러울 것도 없다. 그러나 그것을 결혼이라는 테두리를 벗어나 해결하려는 일탈과 불륜이 문제이다. 특히 요셉의 입장에서 주인 아내의 집요한 성적 유혹을 이겨내는 일은 결코 쉽지 않았을 것이다. 어릴 때부터 신앙생활을 한 사람들은 요셉이 유혹받는 일에 대해서 너무나 잘 알고 있다 보니 들어도 신선함도 없고 심각한 유혹에 대한 긴장감도 없는 것이 문제이다. 요셉이 받은 유혹이 거절하기 힘들었던 이유를 차근차근 생각해보자.

첫째, 요셉은 무척 외로운 세월을 보냈다. 유혹을 받았을 무렵은 아마도 요셉이 고향을 떠난 지 10년은 지났을 것으로 보인다. 요셉은 이방인이었고 노예였다. 그런데 애굽 궁궐 고위관리의 집안일을 전적으로 책임지게 했다면 요셉을 철저하게 신임했다는 뜻이다. 17세의 나이에 팔려와 그런 신임을 얻는 자리에 오르려면 적어도 10년은 걸렸을 것이라고 상상할 수 있다. 그 기간만큼 요셉은 외로웠다. 더구나 부모님도 계시지 않고 혼자뿐이니 아무도 간섭할 사람이 없어 더욱 유혹에 빠지기 쉬웠다.

누구에게나 외로움은 죄의 통로가 될 수 있다. 아무도 보는 사람 없을 때 당신은 하나님의 자녀다운가? 고독은 낭만이라기보다 죄의 통로가 될 가능성이 더 크다. 외로움을 조심해야 한다. 유학을 가는 때, 형제들이라면 군대에 가는 때, 직장인들이라면 출장 가는 때, 파견 나가 오랜 시간 타지에서 지내야 하는 때, 주말부부 생활을 해야 하는 때, 기러기 아빠가 되어서 혼자 지내야 하는 때가 있다. 어떤 때건 외로움이 사무쳐올 때 죄의 유혹도 함께 올 가능성이 높다. 외로움을 즐기지 마라. 외로움의 부작용을 적극적으로 피해가겠다는 단호한 결심이 필요하다. 할 수만 있다면 외로운 상황을 만들지 않으려는 노력도 중요하다.

둘째, 요셉은 성적 유혹을 쉽게 받을 정도로 젊은 나이였다. 20대 중후반의 나이였을 요셉은 결혼적령기의 청년이었다. 혈기가 넘치고 성적 욕구가 왕성한 나이였다. 당시 관습대로라면 결혼 적령기가 지났을지도 모른다. 그러니 젊은 요셉은 성적 유혹에 빠지기 쉬웠을 것이다. 더구나 보디발의 아내는 한두 번만 유혹한 것이 아니라 여러 차례 집요하게 유혹해왔다. 이 방법을 써도 안 되니 저 방법을 써보고, 또 다른 유혹의 방법을 연구해서 시도했을 것이다. 어떤 '코드'로 유혹하는 것이 가장 효과가 컸을까?

아마도 '모성애 코드'가 가장 강력한 유혹이 아니었을까 생각한다. 애니메이션 영화 〈이집트 왕자 2〉에서 비슷하게 묘사하고 있다. 요셉이 전리품으로 가득 찬 창고를 정리하면서 벽을 그림으로 장식했다. 그 벽화에 애굽을 배경으로 삼지 않은 그림이 있었다. 바로 요셉의 고향 땅이었다. 보디발의 아내가 물어본다. 그러자 가족에 대해 말하던 요셉이 형들의 그림을 보면서 그들에게 팔려 애굽으로 왔다는 아픈 기억을 되살린다. 그러자 보디발의 아내는 바로 자기가 요셉의 가족이 되어줄 수 있다면서 요셉을 위로한다. 자신이 어머니가 되어줄 것이고, 또한 아내처럼 가정을 꾸려줄 수 있겠다고 하는 교묘하고도 심각한 유혹의 추파를 던진다.

더구나 보디발의 아내도 이미 요셉의 어머니가 요셉의 동생을 낳으면서 일찍 세상을 떠났다는 사실을 알았을 것이다. 또한 보디발의 아내가 요셉보다 나이도 많았을 것이다. 그러니 당연히 모성애적인 유혹이 효과를 봤을 것이라고 생각한다. 그뿐만이 아니라 다른 여러 방법으로 요셉은 보디발의 아내가 시도하는 유혹을 받았을 것이다. 그런 집요한 유혹들을 요셉은 이겨냈다. 함께 있지 않기 위해 애썼고, 성적 유혹을 이기는 가장 탁월한 대처법인 도망치기를 잘 활용했다.

요셉이 유혹을 이기기 힘들었던 세 번째 이유는 더욱 치명적이다. 요셉은 보디발 아내의 유혹을 받으면서 자신의 꿈에 대해서 생각하는 기회를 가졌을 것 같다. 어릴 때는 혹시 몰랐더라도 애굽에서 10년쯤 지낸 후 장성한 요셉은 하나님이 주신 자신의 인생 비전이 구체적으로 어떤 것인지 깨달았을 것이다. 높은 지위에 올라 많은 사람들이 와서 절하는 비전을 이루어야 하는데, 이미 그 당시 요셉에게는 승진의 기회가 막혀 있었다. 더 이상 요셉은 올라갈 자리가 없었고, 기껏해야 한 집안의 노예들을 책임진 사람이었으며, 그의 신분은 여전히 노예였다.

그런 상황에서 높은 지위에 오르려면 어디로 가야 하는가? 보디발의 집 가까운 곳에 있는 애굽 궁궐로 진출해야 하는 것이었다. 보디발의 아내가 계속 유혹을 하는데, 만약에 그 요구에 은밀하게 응해주고 좋은 관계를 유지한다면 요셉에게는 어떤 반사이익이 돌아올지 생각해 보았다. 당시 애굽 제국은 세계 최강의 나라였다. 그 나라의 왕을 호위하는 친위대장의 아내와 그렇고 그런 관계가 된다면 출세는 보장되는 것 아니었겠는가? 그것이 잘하는 행동이라는 뜻이 아니라 그럴 수 있는 가능성을 생각해보라. 요셉은 이렇게 생각할 수도 있었다. '아, 내가 어릴 적에 꾼 꿈이 이렇게 실현되려는가 보다. 내가 이곳 낯선 애굽 땅에서 어

떻게 고위 관직에 올라 뭇사람들이 절하는 자리에 오르겠는가! 바로 이 방법이다!'

그러나 요셉은 그렇게 하지 않았다. 그런 가능성을 생각은 했겠으나 유혹의 현장에서는 단호하게 "내가 어찌 이 큰 악을 행하여 하나님께 죄를 짓겠습니까? 저는 그렇게 하는 것이 싫습니다!"라고 외치며 주인마님의 요구를 거절했다(창 39:9). 요셉의 마음을 돌이킬 수 없게 되었음을 알게 된 보디발의 아내는 결국 자존심이 상하여 요셉을 미워하게 된다.

달아나려는 요셉을 돌보시는 하나님의 노심초사

결국 요셉은 그녀의 간계와 모함으로 강간미수범으로 몰리게 되었다. 일을 할 때 보디발의 아내와 함께 있지도 않으려고 노력했으나 아무도 없는 때 여인이 요셉의 옷을 꽉 붙잡는 것을 어떻게 하겠는가? 옷을 벗어던지고 도망갔다가 주인 아내를 강간하려 한 파렴치범으로 몰렸다. 죽을 가능성이 높았다. 당시의 법에서도 주인의 아내를 범하려 한 종은 사형에 처하도록 되어 있었다. 종살이하면서 고생하다가 살 만해지니까 이제 죽임을 당할 상황에 처한 것이다. 기껏 보디발의 은혜를 입어 옥살이에 떨어졌다.

무슨 일이 이렇게도 안 풀리는가? 요셉은 이해할 수 없었다.

무슨 잘못을 했단 말인가? 아버지와 할아버지에게 배운 대로 하나님의 사람답게 행동했다. 옷을 팽개치고 도망갈지언정 양심은 버리지 않았던 요셉의 행위는 의로웠고 용감했다. 할 만큼 최선을 다했는데도 하나님은 도대체 뭐하시는지 이해할 수 없었다. 요셉이 감옥에 들어가서 감옥 벽에 머리를 쥐어박고 가슴을 치면서 얼마나 괴로워했겠는가? 그는 절규했을 것이다. "하나님, 제가 잘못한 것이 무엇이란 말입니까? 어쩌면 이렇게도 제 인생은 안 풀립니까? 제게 무슨 말씀이라도 좀 해주십시오!"

그러나 그렇게 요셉이 이해하지 못하는 그 순간에도 무엇인가 되어가고 있었다. 요셉의 젊은 날이 그저 허송세월이 아니었다. 객지생활 10년 동안 뼈를 깎는 고생을 통해 일정한 성공을 거두었으나 그 성공이 말짱 도루묵이 된 것도 모자라 죄수로 전락했다. 그러나 요셉의 옥살이는 어땠는가? 창세기 39장에 요셉의 옥살이 과정이 어떠했는지 자세히 기록되어 있지는 않다. 그의 고통이나 좌절도 기록되지 않고 그저 감옥에서도 형통하게 된 모습만 기록되어 있다. 하지만 요셉이 감옥에 들어가서 그저 아무렇지도 않다는 듯 처음부터 자신에게 맡겨진 일을 했을 것이라고 생각하는 것은 무리가 있다.

사실상 요셉의 범죄는 심각하고 명백했다. 친위대장 보디발의 아내가 요셉의 옷을 붙잡으니 요셉은 그 옷을 벗어버리고 도망갔는데, 그 더운 지방에 사는 사람들, 특히 노예들이 여러 겹으로 복잡하게 옷을 갖추어 입고 지냈을 리 없지 않은가? 그러니 요셉은 아마도 거의 알몸으로 도망갔을 터이니 꼼짝없이 물증까지 확보된 강간미수범이었다. 더구나 주인이 신임해서 집안 살림을 모두 맡겼는데, 그 주인의 아내를 범하려 한 파렴치범이었다. 그나마 보디발이 지금껏 요셉을 신임해왔기에 사형만은 면했을 것이다. 그러니 요셉이 감옥에서 얼마나 두들겨 맞으며 심한 학대를 당했을지 상상할 수 있다.

요셉은 감옥에서 육체적인 고통만 겪은 것은 아니었다. 시편기자의 기록을 보면 "그의 발은 차꼬를 차고 그의 몸은 쇠사슬에 매였으니"(시 105:18)라고 하는데, 여기서 '몸'에 해당하는 히브리어 단어는 '영혼'이다. 그 몸이 쇠사슬에 매였다는 말을 원어의 뜻을 살려 번역하면 "그 영혼이 쇠사슬에 꿰뚫렸다"는 의미이다. 요셉의 영혼이 고통을 견디지 못하고 얼마나 도망가려고 하는지 하나님이 쇠사슬로 꽉 묶어놓았다는 뜻이다. 주석가 데렉 키드너는 이것을 가리켜 요셉의 영혼이 도망 못 가게 하나님이 요셉의 목에다 '쇠로 만든 칼라'("iron collar", The Living Bible / "a collar of iron", Revised Standard Version)를 채워놓았다고 표현하는 현대어 번역 성경의 해석이 옳다고 하였다 (Tyndale Old Testament Commentaries, 11b. *PSALMS 73–150*, IVP pub., p.375). 요셉의 영혼이 하나님을 향해 하소연하며 울부짖다 보니 손이나 발을 묶어놓는 것을 가지고는 안전하게 붙들어놓을 수 없었다. 손이나 발에 수갑이나 족쇄를 채워놓으면 어땠겠는가? 정도망가고 싶으면 손발을 자르고 도망갈 수 있지 않은가? 하지만 목에 쇠로 만든 칼라를 채워서 붙잡아두니 도망을 갈 수가 없었다. 목을 자르고 갈 수는 없으니 말이다. 이렇게 하나님이 요셉의 영혼을 붙들어두기 위해 특별하게 조치하셨다.

고통스러울 때 요셉이 자주 했던 말이 있지 않은가? "아니, 하나님은 낮잠을 주무시는가? 도대체 뭘 하신단 말인가! 애굽에 노예로 잡혀 와서 몇 해를 죽기 살기로 열심히 일해서 이제 좀 허리가 펴진다 싶었더니 여우같은 주인 아내의 모함에 빠져서 이제 이 감옥생활의 나락으로 떨어져야 한단 말인가?" 그렇게 원망하면서 요셉이 벽에다 머리를 쥐어박아 피를 줄줄 흘렸을 것 같다. 그래서 하나님이 그의 영혼을 달래고 보호하시느라 요셉의 영혼의 목을 쇠로 만든 칼라로 채워놓으셨다는 뜻이다.

언제까지 기다려야 합니까? 말씀이 응할 때까지!

감옥생활을 시작한 요셉이 처음에는 갈등했지만 시간이 지나면서 믿음을 회복하고 적응했을 것이 분명하다. 그래서 모범수가 되고 감옥 간수장의 신임을 받아 감옥의 자질구레한 일들을 맡아하는 일을 하게 되었다. 그렇게 감옥생활이 안정되어 지낼 만해졌을 때 뭔가 새로운 전기가 마련될 만한 일이 또 생겼다. 높은 지위에 있는 관리들이 요셉이 있는 그 감옥에 들어왔다. 바로의 떡 굽는 관원장과 술 맡은 관원장이 들어온 것이다. 권력자에 대한 암살 시도가 빈번하던 때에 음식을 맡은 신하들이야말로 측근 신하들인데, 그들이 왕의 심기를 언짢게 해서 친위대장이 관리하는 궁중 감옥에 들어왔던 것이다. 아마도 반역과 관계된 죄목이었을 것이다.

그들이 하룻밤에 비슷한 구조로 된 꿈을 꾸었다. 그 꿈을 요셉이 해몽해주었고, 그 해몽대로 되었다. 떡 굽는 관원장은 죽었고, 술 맡은 관원장은 살아서 복직했다. 이때 요셉이 술 맡은 관원장의 꿈을 해석해주면서 억울하게 갇혀 있는 자신에 대해 바로에게 탄원해 석방시켜달라고 부탁했다. 술 맡은 관원장은 요셉에게 석방을 약속했다. 그런데 그 사람은 요셉의 해몽으로 살아나간 후에 만 2년 동안이나 그 약속을 까맣게 잊고 지냈다. 어떻게 이럴 수가 있단 말인가! 요셉이 또 그 2년 동안 감옥에서 그랬을 것이다. "이해할 수가 없습니다. 하나님이 무얼 하시는지 알 수 없습니다. 제 주변에는 어쩌면 이렇게도 배신하는 사람들이 많습니까?"

뭔가 될 것 같다가 또 틀어져 버렸다. 하루, 이틀, 한 달, 두 달, 일 년을 기다리면서 요셉은 거의 미칠 지경이었을 것이다. 그러나 그렇게 요셉이 감옥 안에서 이해할 수 없어 가슴을 치는 날이 계속될 때에도 무언가 되어가고 있었다. 하나님은 요셉의 좌절과 한탄의 세월에도 무언가 역사를 만들어가고 계셨다. 이 사실이 중요하다.

그러면 요셉은 언제까지 기다려야 했는가? 요셉이 볼 때는 기다릴 만큼 이미 충분하게 기다렸다. 그런데 언제까지 기다리라는 것인가? 시편 105편 19절에 정답이 있다. "여호와의 말씀이 응할 때까지"이다. 하나님이 섭리하신 시간 계획이 따로 있다. 시편 기자는 분명하게 말한다. "곧 여호와의 말씀이 응할 때까지라. 그의 말씀이 그를 단련하였도다." 말씀이 요셉의 인생을 단련시켰다. 요셉의 인생 수업을 여호와의 말씀이 친히 이끌어갔다.

"말씀이 응할 때"는 바로 요셉이 서른 살이 되는 때였다(창 41:46). "요셉이 애굽 왕 바로 앞에 설 때에 삼십 세"였다고 한다. 당시 고대 근동지역에서 관직에 오르기 위해서는 최소한 30세가 되어야 했다. 요셉은 관직에 오르기 딱 좋은 나이가 될 때까지 기다려야만 했다. 하나님이 요셉을 국무총리라는 고위 공무원으로 만드시는 때, 그때까지 요셉은 기다려야만 했던 것이다. 요셉이 하나님의 이 오묘한 계획을 어떻게 이해했겠는가? 이 깊은 뜻을 감옥 안에서 어떻게 알아차렸겠는가?

만약에 요셉이 감옥에서 보낸 20대 후반의 2년을 채우기 전에 술 맡은 관원장의 도움으로 풀려났다고 생각해보자. 그랬다면 강간미수범으로 복역한 전과가 있는 이방 청년이 애굽에서 무엇을 할 수 있었겠는가? 기껏해야 시장에서 일하고 여비를 마련해서 고향을 찾아가는 일밖에는 별다른 묘수가 있었겠는가? 집으로 돌아가면 어떤 일이 벌어졌을까? 형들의 사악한 죄악이 드러났을 것이고, 그곳에서 요셉이 형제들과 정상적으로 생활할 수 있었을까? 아니면 석방된 스물여덟 살 때부터 요셉이 다시 열심히 일해서 자수성가했다고 해보자. 전과자로 낙인찍힌 요셉이 과연 그 이방 땅 애굽에서 평생 노력했다 해도 과연 얼마나 높은 관직에 오를 수 있었을까?

그러나 '하나님의 때'는 만 2년 후였고, 시편 기자는 그때까지 "그의 말씀이 그를 단련하였도다"(시 105:19)라고 강조한다. 요셉이 당시 세계를 주름잡는 대제국 애굽의 실권 1인자인 총리가 되는 때까지 하나님의 말씀이 요셉의 종살이와 옥살이 과정에서 요셉을 단련시켰다. 요셉의 객지생활 10여 년이 바로 그런 훈련 기간이었다. 물론 그 과정을 현실 속에서 겪어내야 했던 요셉이 쉽사리 이해하지 못한 것은 당연하다.

요셉을 서른 살에 세계를 지배하는 나라의 실권 1인자로 만들기 위해 하나님은 그렇게 다양하고도 혹독하게 훈련을 시키셨다. 형제들에게 배반도 당해보고, 성실하게 일하면 인정받는다는 평범한 인생의 진리도 경험해보고, 말씀대로 의롭게 살려 해도 누명을 쓰는 기가 막힌 억울함도 경험했다. 또 사람이 살 만한 곳이 아닌, 반역자들이 갇히는 지하 감옥에도 들어가 살아보게 하셨다. 한두 달도 아니고 한 3년쯤, 그것도 2년은 늘 감옥 문이 열려 자신의 석방을 알리는 소리를 기대하면서 시선을 감옥 문으로 향한 채 감옥살이를 하게 하셨다. 또한 요셉은 은혜를 베푼 사람에게 배신을 당하는 일도 여러 차례 경험했다. 결정적으로 세 번이나 배신을 경험했는데, 이후 요셉의 정치 역정에서 '배신'으로 인해 어려움을 겪을 일이 있었겠는가? 이런 다양한 훈련을 거친 후 요셉이 국무총리에 올랐을 때 그는 업무 파악을 위해 초도순시를 했다(창 41:45-46). 국정을 수행하는 능력을 갖춘 지도자가 되어 있었다.

요셉의 젊은 시절에 숱한 어려움을 통해 인생 수업을 받게 하신 하나님은 오늘 우리 인생들에게도 적당한 계획을 가지고 훈련시키신다. 물론 우리 눈에 그것이 잘 보이지 않으니 갑갑하다. 그러나 요셉도 그랬다는 사실을 알면 조금은 위로가 될까? 요셉도 절규했다. 무언가 되어가게 했던 섭리의 손길은 나중에 돌아볼 때나 보였을 것이다. 그 당시에는 전혀 보이지 않았다. 앞이 깜깜했다. 미칠 것 같은 심정도 경험했을 것이다.

오늘 우리도 하나님의 섭리 안에서 인생을 살아가면서 요셉처럼 실망스럽고 안타까운 일을 겪을 수 있다. 어떤 일이든 쉽지 않은 일들 앞에서 무엇을 먼저 해야 할지 몰라 답답할 수도 있다. 하나님이 분명히 살아 계시는데 왜 나를 이렇게 대하시는지 이해할 수 없을 때도 있다. 하나님은 분명히 살아 계셔서 이 우주를 운행하시고, 한순간도 오차 없이 이끌어 가신다. 하지만 아무도 관심을 가져주지 않는 대한민국의 한쪽 귀퉁이에서 찌그러져 근근이 지내고 있는 나에게는 전혀 관심이 없으신 것처럼 느껴질 때가 있다.

그러나 명심해야 한다. 내가 그렇게 어깨도 펴지 못한 채 쭈그려 앉아 있어도 하나님은 틀림없이 무언가 되게 하신다. 요셉을 단련시켜 인생학교를 멋지게 수료하게 하신 하나님은 우리 한 사람 한 사람에게도 역시 귀한 계획을 가지고 계신다. 따라서 우리의 인생은 무언가 되어가고 있는 나날들이다. 단조로워 보이는 일상도 의미가 없는 것이 아니다. 물론 하나님이 획일적으로 우리 모두를 서른 살에 국무총리가 되게 하시지는 않을 것이다. "아, 나는 국무총리가 되려면 5년 남았다. 너는 몇 년 남았니?" 그렇게 다 국무총리를 하고 대통령을 하고 장관을 하면 세상 꼴이 뭐가 되겠는가? 하나님이 우리에게 주신 남다르고도 다양한 비전을 묵묵히 좇아간다면 우리의 인생은 어떤 자리에 있어도 괜찮다.

하나님의 섭리와 경륜 속에서 인생 수업을 해나가는 데 꼭 필요한 지침은 무엇인가? 바로 꿈을 부여잡고 말씀으로 방향을 잡아나가는 것이다. 요셉은 어릴 때부터 받았던 말씀 교육의 힘으로 절망하고 포기할 수밖에 없어 보이는 힘든 상황들을 극복해낼 수 있었다. 말씀이 그의 삶을 이끌었고, 그 말씀이 응할 때까지 요셉은 하나님의 섭리에 수긍해야만 했다. "주의 말씀은 내 발에 등이요 내 길에 빛이니이다. 나의 생명이 항상 위기에 있사오나 나는 주의 법을 잊지 아니하나이다"(시 119:105,109).

C·H·A·P·T·E·R·4

어디에서 무슨 일을 하든지 주인의식으로

능력보다 태도의 중요성이 부각되고 있다
감옥에서도 주인이었던 요셉, 애굽을 책임지다
일하는 태도의 변화, 사랑과 감사로 가능하다
맡겨진 일, 필요한 일을 주께 하듯 하는 자세로

✽ ✽ ✽ ✽ ✽

요셉의 형들에게 요셉을 사서 애굽으로 간 미디안 사람들은 애굽 왕 바로의 친위대장 보디발에게 요셉을 팔았다. 보디발의 집에서 일하게 된 요셉의 삶에 대해 창세기 기자는 "여호와께서 함께하심"과 "형통함"으로 설명하고 있다. "여호와께서 요셉과 함께하시므로 그가 형통한 자가 되어 그의 주인 애굽 사람의 집에 있으니 그의 주인이 여호와께서 그와 함께하심을 보며 또 여호와께서 그의 범사에 형통하게 하심을 보았더라"(창 39:2-3).

결국 보디발이 요셉을 신뢰했다는 것인데, 요셉의 어떤 모습을 보았기 때문일까? 성경은 보디발이 바라본 요셉에 대해 언급해 준다. 하나님이 요셉과 함께하셔서 형통하게 된 것을 보디발이 확인할 수 있었다. 보디발은 하나님이 그의 집과 밭에 있는 모든 소유에 복을 내리시는 것을 보았다. "그가 요셉에게 자기의 집과 그의 모든 소유물을 주관하게 한 때부터 여호와께서 요셉을 위하여 그 애굽 사람의 집에 복을 내리시므로 여호와의 복이 그의 집과 밭에 있는 모든 소유에 미친지라"(창 39:5). 직장상사라고 할 수 있는 보디발이 볼 때 요셉이 집안일의 책임을 맡은 때부터 구체적인 성과가 나타났다. 집안 관리가 제대로 되었고, 밭작물의 생산량도 많아져서 재정 수입도 늘었을 것이다. "집과 밭에 있는 모든 소유"에 구체적으로 매출의 증가나 성장의 지표가 나타났을 것이다.

이렇게 하나님이 함께하심이 구체적인 '형통'으로 나타나 사람들이 구체적으로 요셉의 특이한 점을 볼 수 있었을 것이다. 사람들이 요셉을 보니 뭔가 남다른 '태도'를 가지고 있었던 것 같다. "하나님이 함께하셨다"는 것은 구체적으로 어린 시절부터 꿈을 통해 보여주신 인생의 계획과 큰 그림을 요셉이 숙지하고 있었음을 나타낸다. 이렇게 요셉이 가지고 있는 비전은 구체적으로 그의 삶 속에서 남다른 태도로 드러났을 것이다. 그것이 사람들의 눈에 보였다. 구체적으로 보디발이 확인할 수 있었다. 하나님이 함께하시는 표시인 이 태도를 요셉에게서 확인해보자.

능력보다 태도의 중요성이 부각되고 있다

요즘은 좀 시들해졌으나 직장인의 자기계발 분야에서 '비즈니스 우화'라는 한 장르가 형성될 정도로 많은 책이 나왔다. 「청소부 밥」 「폰더 씨의 위대한 하루」 「천국에서 만난 다섯 사람」 등 외국 저자들의 책들과 더불어 「배려」 「겸손」 「경청」 등 국내 저자들의 책들이 많은 사람들의 관심을 끌었다. 이런 비즈니스 우화 장르의 여러 책들이 거의 공통적으로 강조하는 것이 있다. 그것은 바로 '태도'이다.

위의 책들에 나오는 주인공들은 하나같이 능력이 탁월하다. 하지만 일하느라 지쳐 있거나 성격이 모나고 괴팍하여 대인관계가 좋지 않다. 가족관계도 삐걱대어 배우자와 이혼할 위기에 처해 있거나 자식들과도 말이 통하지 않는 사람들이 많다. 그래서 주인공들은 인생의 심각한 위기를 겪는다. 그러다가 결국 멘토를 만나 자신의 인생을 회복할 만한 중요한 수업을 받는다. 그래서 우정과 가족 사랑을 회복하여 태도를 고치자 해피엔딩이 선물로 주어진다.

30여 권의 책들을 읽어보았더니 하나같이 강조하는 것이 바로 '태도의 변화'였다. 능력중심의 사회 흐름과는 반대되는 내용이었다. 소설과 같은 짜임새도 부족하고 다소 어설프고 뻔한 내용의 책들에 사람들이 왜 이다지도 큰 관심을 가졌을까 생각해 보았다. 이것이 바로 오늘 우리 시대 직장인들의 마음속 바람이라는 생각이 들었다. 현실은 태도보다 능력을 더 중요시하지만 진정 바람직한 직장인의 자세는 바람직한 태도라는 것이다. 실제로 능력만 탁월하고 인성이 부족하거나 태도가 좋지 못한 사람과 함께 일하는 것은 그리 쉽지 않다. 1~2년은 어떻게 함께 일을 하더라도 그 이상 삐걱거리지 않고 제대로 일하는 것은 쉬운 일이 아니다.

그러면 이런 태도는 한 사람의 삶에서 어떤 모습으로 나타나는가? 보디발이 일하는 요셉을 보며 발견한 태도는 아마도 '주인의식'이었을 것이다. 요셉에게 하나님이 함께하시는 모습을 본 보디발은 요셉을 가정총무로 삼았고, 자기 집안의 살림살이에 대해서 어떤 문제도 간섭하지 않고 다 맡겼다. 자기가 먹는 음식 외에는 모든 것을 맡겼다고 하니 보디발이 어느 정도로 요셉을 신임했는지 알 수 있다(창 39:6).

물론 요셉이 보여준 주인의식은 보디발의 집에서 일할 때 처음 생긴 것이 아니다. 요셉은 고향에 있는 자기 집에서 가업을 이어 목동으로 일할 때에도 언제나 '주인'이고 '총무'였다. 일에 있어서 엄격한 아버지가 맡긴 감시자 역할을 했기 때문에 실세 주인이었다는 뜻이 아니다. 조그만 녀석이 오만 간섭을 다하면서 총무인 체하였다. 형제들간의 갈등에 대해서 창세기 기자가 서술하는 이야기만 해도 그렇다.

아버지 첩의 아들들 네 명과 함께 일하게 되었을 때에도 요셉은 스스로 '총무'였다. 형들의 잘못을 아버지에게 일러바쳤다. 양을 치던 사람들의 잘못이라고 하면 양들이 죽거나 손실이 난 것을 감추거나 양들을 판 돈을 빼돌리는 것과 같은 일들이 아니었을까 생각해본다. 여하튼 요셉은 자기 집안의 재산에 손해가 나는 일을 용납할 수 없었다. 아마도 형들이 요셉에게 발각당한 일은 관행적인 일이었을 수도 있다. 그런 일을 대충 눈감지 않고 사실대로 다 아버지에게 고해바쳤다. 이 일로 형들과 갈등을 유발했으나 요셉은 그렇게 성실하고 정직하게 일하려는 태도를 가지고 있었다. 이것이 주인의식이다.

감옥에서도 주인이었던 요셉, 애굽을 책임지다

나중에 요셉이 왕의 죄수들을 가두는 감옥에 들어갔을 때는 어땠는가? 처음에는 어려움을 겪었겠지만 그곳에서도 자신이 할 일을 찾은 후에는 감옥의 간수장이 요셉에게 모든 일을 다 맡겼다고 한다. 보디발이 보았던 것처럼 간수장도 요셉과 함께하시는 하나님을 발견하고 요셉에게 은혜를 베풀었다(창 39:21). 간수장은 요셉의 손에 맡긴 것은 어떤 일도 살펴보지 않고 다 맡겨버릴 정도로 요셉을 신뢰했다. 이 간수장은 이미 보디발의 집에서 함께 일하던 요셉을 알고 있었을 것이다. 친위대장 보디발이 주관하는 주간회의 때 늘 만나는 '동료 팀장' 사이가 아니었겠는가? 그러니 간수장은 요셉이 보디발의 집에서 어떻게 일을 했는지 알고 있었다. 그의 주인의식이 감옥에서도 동일하게 발휘되었기에 그렇게도 철저하게 모든 것을 요셉에게 맡길 수 있었다.

이렇게 요셉의 별명은 '어딜 가나 총무'였다. 어떤 곳을 가든지 요셉은 자기가 속한 조직의 크고 작은 일을 챙기고 다니느라 바빴다. 누가 임명한 것도 아니고 총무 역할을 하라고 시키지 않아도 괜찮았다. 요셉은 어딜 가나 총무 역할을 했고, 그로 인해 인정을 받았다. 그렇게 어디서나 총무 역할을 하다 보니 결국 요셉은 어떻게 되었는가? 나중에 당시 세계 최강제국 애굽의 총리가 될 수 있었다. 애굽의 총리가 되었을 때도 요셉은 주인의식을 갖고 제국의 전반을 책임지는 '총무' 역할을 했다. 총리가 결국 나라의 총무 역할을 하는 사람이 아닌가? "너는 내 집을 다스리라. 내 백성이 다 네 명령에 복종하리니 내가 너보다 높은 것은 내 왕좌뿐이니라. 바로가 또 요셉에게 이르되 내가 너를 애굽 온 땅의 총리가 되게 하노라 하고"(창 41:40-41).

작은 조직에서 총무의 일을 제대로 하지 못하는 사람은 나라의 총무가 된다 해도 일을 제대로 하지 못한다. 이것은 너무도 당연한 원리이다. 그런데 사람들은 이 원리를 쉽게 무시하곤 한다. '나는 적어도 천 명 이상 규모의 조직에서나 진가를 발휘하고 좀 움직여볼 마음이 생기는 사람이지, 이런 작은 조직은 적성에 영안 맞아서!' 이런 생각인가? 오늘 일하거나 살아가는 곳에서 남들이 하기 싫어하는 뒤치다꺼리를 어쩔 수 없이 해내면서 답답함을 많이 느끼는가? 큰 일이 맡겨지면 지금보다 훨씬 잘할 수 있을 것 같아서 푸념만 늘어가는가? 그렇다면 요셉에게 한 수 배워야 한다. 오늘 내게 주어진 총무의 역할에 대해 주인의식을 발휘해서 제대로 감당하지 못하면 더 큰 조직을 맡을 기회가 오지도 않고, 설령 기회가 오더라도 감당할 수 없다.

전에 IT회사에서 일하는 한 형제가 이렇게 말했다. "저는 제가 하고 싶은 일을 하지 못해 아쉽습니다. 총무팀에서 제가 하는 일은 저만 하는 일이 아니라 누구나 할 수 있는 일이라 무시당하는 것 같고 답답합니다. 해도 별로 표가 안 나고, 안 하면 금방 표가 납니다. 취업해서 2년간 이런 일만 하는 제가 너무 답답합니다." 가만히 이야기를 들어보니 총무팀에서 자신이 하는 일을 잘 정의하고 있었다. '해도 칭찬 들을 일 없고, 안 하면 야단맞는 일!'

교회에 다니지 않아서 성경이야기를 잘 모르는 형제였지만, 그때 요셉이야기를 해주었다. 성경에서 최고의 꿈꾸는 사람으로 알려진 요셉은 한 번도 이력서를 써본 적이 없었다고 말해주었다. 무슨 이야기인가? 요셉은 자기가 하고 싶은 일을 해본 적이 한 번도 없었다는 뜻이다. 자기 집에서는 가업을 이어 목동으로 일했고, 형들에게 팔려서 가게 된 애굽에서는 노예로 일했다. 모함을 받아 억울하게 감옥에 들어갔을 때도 감옥 안의 모든 일을 맡아해야 했다. 그러다가 시간이 지나 하루아침에 애굽의 국무총리가 되었다. 총리로 임명받았을 때 요셉이 가슴 벅차기만 했겠는가? 감옥에서 몇 년을 지낸 사람이 세계 최강제국의 실권자로 통치하는 일에 선뜻 나서기는 쉽지 않았을 것이다.

그런데 요셉은 언제나 자신에게 주어진 일, 맡겨진 일을 해왔듯이 자신에게 맡겨진 총리의 일을 잘해냈다. 어릴 때부터 하고 싶은 일을 찾아서 한 것이 아니라 상황적으로 주어진 일을 해내면서 묵묵히 정진하며 자신을 준비하다 보니 당시 가장 큰 조직사회인 애굽의 국무총리라는 역할이 주어져도 충분히 해낼 수 있었던 것이다. 요셉이 간직하고 있던 비전과 그 비전을 이루는 바람직한 태도인 주인의식으로 가능한 일이었다.

오늘 우리도 맡겨진 자신의 일에 최선을 다할 수 있는 마음가짐을 가져야 한다. 그 모든 상황에서 인내할 수 있도록 하나님의 도우심을 구해야 한다. 오늘 나의 일터에서 귀찮고 힘들지만 총무의 역할을 다하다 보면 뒷날 하나님이 더 큰 마당에서 총무로 일하도록 우리를 이끌어주실 것이다.

일하는 태도의 변화, 사랑과 감사로 가능하다

해롤드 래미스 감독의 〈사랑의 블랙홀〉(Groundhog Day, 1993)이라는 영화는 우리나라에서는 개봉관에서 상영되지 못했다. 하지만 인생의 의미와 자세에 대한 성찰을 판타지 구조 속에 담아낸 멋진 영화이다. TV 방송국의 기상 통보관인 필은 해마다 2월 2일이면 성촉절(아기 예수 성전 봉헌절) 취재를 하러 펜실베이니아 주의 소도시인 펑수타니까지 가는 것이 못마땅했다. 두더지에게 인터뷰를 하며 "그림자를 봤냐?"고 물어서 봤다고 하면 여섯 주 뒤에나 겨울이 끝나고, 못 봤다고 하면 봄이 가까이에 왔다는 뜻이라니, 그런 미신 같은 일을 매년 해야 하는 것이 따분하고 권태로웠다. 그래서 그날 2월 2일 성촉절 아침, 일곱 시쯤의 생방송을 위해 아침 여섯 시에 일어나 행사장에 간 필은 그저 대충 방송을 마치고 서둘러 돌아가려고 했다. 그런데 눈이 많이 내려 마을을 떠날 수가 없었다. 꼼짝없이 하루를 더 묵어야 했다.

그런데 다음 날 아침에도 똑같이 여섯 시에 라디오 시계가 울리고 같은 음악이 들렸다. 문을 나서자 만나는 사람들이 어제와 똑같았다. 걸인과 고등학교 동창인 보험 영업사원도 동일하게 만났다. 물웅덩이에 한쪽 발이 빠지는 것도 똑같았고, 공원에 가니 어제처럼 성촉절 축제를 하고 있는 것도 똑같았다. 여전히 2월 2일이었다. 이런 판타지 장치가 영화의 재미를 더해준다. 그 다음 날도, 또 다음 날도 여전히 반복되었다. 필은 만나는 사람들에게 짜증도 내고 방송을 엉망으로 내보내기도 했다. 반복되는 날이 계속되면서 그 도시에 있는 사람들이 하는 일을 다 외워 현금 호송차에서 돈을 도둑질하기도 했다. 하도 화가 나 아침마다 라디오 시계를 부수기도 하고, 봄을 알려준다는 두더지 호송차를 납치해 달아나기도 했다. 자살을 시도하기도 하지만 언제나 깨어보면 그날, 2월 2일 아침이었다.

그러던 중 필은 평소에 관심을 두고 있었던 PD 리타에게 통속적으로 접근했다가 뺨을 수없이 맞는다. 하지만 그 지루한 날이 학습 효과를 가져왔고, 드디어 깨닫는다. 진정으로 한 사람을 사랑하는 것이 무엇인지 생각하며 필에게 깨달음이 왔다. 조건이나 보상을 바라는 것이 아니라 마음을 다해 사랑하는 것이 무엇인지 깨닫고 리타에게 사랑을 고백한다. 세상의 주인인 듯 교만하던 필이 겸손해졌다. 바로 이 사랑이 필의 지겨운 삶에 변화를 가져왔다. 사랑을 고백하니 필이 사람을 대하는 태도가 달라졌다.

그래서 지겹게 늘 만나는 사람들에게 반갑게 인사하고, 피아노를 열심히 배우기도 한다. 얼마나 많은 날이 지나갔는지 나중에는 훌륭하게 재즈곡을 연주한다. 매일 만나는 걸인 노인에게 가서 인사도 하고, 죽어가는 노인에게 인공호흡을 시도하지만 결국 따뜻하게 떠나보낸다. 동창생에게는 보험을 전부 들어주고, 아이가 나무에서 떨어지려하는 시간에 맞추어 가서 받아내기도 한다. 할머니들이 탄 차의 펑크 난 타이어를 수리해주기도 한다. 음식이 목에 걸린 응급 환자도 살려준다. 이 모든 변화는 필이 진정한 사랑이 무엇인지 깨달은 후에 가능했다. 사랑하고 나니 하루의 일상이 감사하고 보람된 일이라는 사실을 깨달은 것이다.

이제 필의 일하는 자세도 달라졌다. 함께 일하는 리타와 카메라 기사에게 커피와 아침 식사를 준비해서 가져간다. 성촉절 아침 방송을 하는 필의 멘트가 바뀌었다. "안톤 체홉은 추운 겨울을 절망의 계절로 묘사했지만 겨울도 인생의 한 부분입니다. 지금 이곳 펑수타니 시민들과 함께 봄을 기다리는 제 마음은 그 어느 때보다도 따뜻하고 행복합니다."

이렇게 자신의 일에 대해서 감사하는 마음을 가지니 모든 것이 달라졌다. 달라진 필이 리타에게 이렇게 고백한다. "내일이 어떻게 되든 난 오늘 행복하오. 당신을 사랑하니까." 성경 구절이 절로 떠오른다. "그러므로 내일 일을 위하여 염려하지 말라. 내일 일은 내일이 염려할 것이요 한 날의 괴로움은 그날로 족하니라"(마 6:34). 필은 그야말로 일상의 시간인 '크로노스'에서 하나님의 뜻과 섭리가 담긴 결단의 시간인 '카이로스'를 경험한 것이다. 필이 하루의 일상에 감사하며 삶의 자세를 바꾸자 드디어 내일이 왔다. 아침에 눈을 떠 창문을 여니 아름다운 눈이 펑수타니 거리를 온통 뒤덮었다. 그렇게도 고대하던 날, 즉 2월 3일이 되었다. 기나긴 하루가 그렇게 끝난 것이다.

이 영화 속의 필이 펑수타니에서 보낸 날은 며칠이나 될까? 영화 속에서는 서른 몇 날인데, 한 인터넷 사이트에서 계산한 것을 봤다. 그랬더니 무려 33년 358일 320분이었다. 어떻게 이런 계산이 가능할까? 필은 카드를 그릇에 던져 넣는 게임을 6개월간 연습해서 익숙하게 성공했다. 피아노 연주를 수준급으로 해내고, 얼음 조각을 멋지게 만들 수 있게 되었다. 식당에서 그릇 깨지는 소리도 정확히 계산해낼 정도였다. 이 34년 가까운 시간은 우리 직장인들이 평생 일터에서 일하는 시간과 비슷하지 않은가? 이 부분이 중요한 의미를 담고 있다. 오늘 우리는 우리에게 주어진 시간, 그 반복되는 날들에 대한 의미를 되새겨야 한다. 생각의 변화를 가져와야 한다. 그래야 태도가 변한다. 날마다 반복되는 일상을 감사하는 마음으로 살면 그것이 바로 복된 인생이라는 것이다. 이런 태도의 변화가 우리 삶에 변화를 가져다준다.

맡겨진 일, 필요한 일을 주께 하듯 하는 자세로

이탈리아의 한 귀족이 자신의 영지를 걷다가 이른 아침부터 땀을 뻘뻘 흘리며 상자를 열심히 만들고 있는 한 사람을 보고는 궁금해졌다.

"자네가 만들고 있는 그 상자를 어디에 쓸 생각인가?"

"예, 공작님. 이 상자에 꽃씨를 뿌릴 생각입니다."

"그렇다면 흙을 담을 텐데 흙이나 채울 상자를 뭘 그리 정성을 다해 깎고 다듬는단 말인가?"

"저는 무슨 일이나 완벽하게 하기를 좋아합니다."

"쓸데없는 일에 애를 쓰고 있군. 그런다고 누가 쳐다봐주기나

한다던가? 흙이나 담고 꽃이나 심을 상자를 말이네."

"그러나 저는 그렇게 생각하지 않습니다. 나사렛에서 목수로 일하신 예수님이었다면 이런 상자를 아무렇게나 만드셨겠습니까?"

"예끼, 이 사람아! 그렇게 하찮은 일을 가지고 예수님의 거룩한 일과 비교할 수 있겠나? 그건 하나님을 모독하는 것이네. 어쨌든 자네 이름이나 알아두세. 자네 이름이 뭔가?"

"예, 공작님. 제 이름은 미켈란젤로라고 합니다."

미켈란젤로는 그날 "무슨 일을 하든지 마음을 다하여 주께 하듯 하고 사람에게 하듯 하지 말라"(골 3:23)는 중요한 교훈을 실천한 것이다.

미국의 유명한 정유회사 스탠더드오일에 근무하게 된 존 아치볼드의 이야기도 주인의식을 잘 보여준다. 영업일을 하던 말단 직원 아치볼드는 일에 대한 열정이 남달랐다. 입사한 지 얼마 지나지 않아서 '한 통에 4달러'라는 별명으로 불렸다. 그의 별명은 스탠더드오일의 광고 문구였는데, 출장을 자주 가던 아치볼드는 호텔 체크인을 할 때 숙박부에 서명을 하면서 옆에다 '한 통에 4달러, 스탠더드오일'이라는 문구를 꼭 적었다. 혹시 기름이 필요한 사람이 있으면 자기에게 연락해달라는 말을 호텔 직원에게 하는 것도 잊지 않았다.

어느 날, 캘리포니아의 한 작은 도시로 출장을 간 아치볼드가 늦은 시간에야 호텔을 찾았는데 잠자리에 들려다 생각해보니 숙박부에 서명만 하고 왔다는 것을 알았다. 그래서 옷을 입고 나가 직원에게 숙박부를 달라고 하여 '한 통에 4달러, 스탠더드오일'이라고 서명 옆에다 추가로 써 넣었다. 그때 옆에서 보고 있던 한 신사가 왜 그렇게 하느냐고 물어보기에 아치볼드는 자신의 의도를 그에게 설명했다.

한 달이 지난 후 아치볼드는 회사 회장님의 특별한 초청을 받았다. 그곳에 가보니 한 달 전에 만난 신사가 그 회사의 회장이었던 석유왕 록펠러였다. 그렇게 회사 일에 열정을 가지고 있는 사원을 옆에 두고 싶다고 칭찬한 록펠러는 아치볼드를 본사로 발령했다. 뒷날 록펠러는 경영 일선에서 물러났을 때 자신을 대신한 모든 업무를 바로 그 존 아치볼드에게 대행시켰다.

요셉이 보디발의 집에서 노예로 일하며 얼마나 노력했겠는가? 이방인으로서 나이도 많지 않은데 단 몇 년 만에 그 큰살림을 하는 집안의 모든 일을 책임지는 청지기가 되려면 얼마나 애를 썼겠는가? 흔히 말하는 출근시간, 퇴근시간이 있었겠는가? 애니메이션 영화 〈이집트왕자 2〉(Joseph : King of Dreams , 2000, 롭 라두카 · 로버트 C. 라미레즈 감독)에 보면 요셉이 애굽으로 팔려가 보디발의 집에서 일을 할 때 그 넓은 마루를 걸레질하라는 지시를 받는 모습이 나온다. 걸레질을 할 때 바닥에 있는 물방울들 속에 형들의 비웃는 모습이 보이는 환영을 뿌리치면서 요셉은 누구보다 깨끗하게 청소를 해냈다. 보디발과 그의 아내가 보고 요셉을 칭찬하는 장면이 나온다.

포도 농사를 지으면서 까마귀 떼가 포도를 쪼아 먹어 고민하던 요셉은 허수아비를 세워 까마귀들을 쫓아내고 수확을 늘리는 지혜도 보여준다. 전쟁을 많이 하던 보디발이 가져온 전리품으로 쌓여 있던 창고를 말끔하게 정리해내는 모습도 인상적이다. 또한 저울을 조작해서 금의 무게를 속이려는 말 판매상인의 흉계도 간파하여 보디발의 칭찬을 받는 모습도 그럴 듯한 상상이다.

주인의식을 갖고 성실한 자세로 일하다 보면 이렇게 능력을 얻을 수 있다. 물론 사람마다 타고난 선천적인 능력의 차이가 있는 것이 사실이다. 예수님도 달란트 비유(마 25장)에서 한 달란트 받은 사람이 있는가 하면 두 달란트, 다섯 달란트 받은 사람이 있다고 하셨다. 그런데 "그 재능대로" 달란트가 주어진 것이니 불만을 가질 필요는 없다. 한 달란트 받은 사람의 가장 큰 실수가 무엇인가? 바로 잘못된 태도였다. 그는 열등감과 원망에 사로잡혀 하나님이 자신에게 주신 한 달란트의 가치를 잘 몰랐고, 감사할 줄 몰랐다. 만약에 그가 주인이 완고한 사람이라는 생각을 버리고 태도를 고쳐서 열심히 자신이 받은 달란트로 장사를 했다면 그도 역시 착하고 충성된 종이라는 칭찬을 받았을 것이다.

조직에 따라 차이가 있긴 하겠지만 일반적인 회사나 단체를 보면 뛰어난 능력을 가진 사람이 열 명 중 한두 명은 있고, 능력이 모자라는 사람들도 한두 명은 있다. 나머지 대다수의 사람들은 보통의 능력을 가지고 있다. 바로 두 달란트 받은 사람이다. 뛰어난 능력을 갖지 못했더라도 열심히 노력하면 되는 것이다. 자신에게 주어진 은사를 가지고 최선을 다하는 자세로 일하다 보면 능력을 얻고 인정받을 수 있다.

나는 두뇌가 비상하지는 못하다. 하지만 성실하기는 하다. 학교에 다닐 때도 탁월한 성적은 내지 못했지만 열심히 공부하기는 했다. 부모님에게 "공부하라"는 걱정을 거의 들어보지 못했다. "쉬었다 해라" "너무 늦게 자지 마라" 이런 말씀은 자주 들었다. 그래서 늘 1등을 한 것도 아니지만 성실함으로는 인정을 받았다. 교회에서 사역을 할 때도 보통 4~5년, 길게는 10년 넘게 섬겼고, 직장사역연구소에 들어와서도 21년 넘게 한 자리를 지키고 있다. 가끔씩 만나는 동기 목사들은 "아직도 거기 있네!"가 인사가 되었을 정도이다. 이렇게 하다 보니 한 가지는 분명하게 깨닫게 되었다. 성실함을 통해서도 능력을 얻을 수 있다는 사실이다.

앞의 글에서도 요셉이 보디발의 집에서 일 했던 기간을 10년쯤으로 추정했다. 아마도 요셉 역시 가정총무라는 관리자의 위치에 올랐을 때는 10년의 전문성 함양을 통해 그에게 필요한 직업적인 능력을 갖추고 있었을 것이 틀림없다. 직장인의 관점으로 요셉의 생애를 보면 공통된 유형을 발견할 수 있다. 17세가 될 때까지 가업이었던 목축 일을 하던 시절에는 요셉이 비록 어렸지만 양을 치는 일만이 아니라 형들을 관리하는 역할도 했다. 또한 보디발의 집에서 노예생활을 할 때도 처음에는 말단 노예가 하는 일부터 시작했으나 차근차근 성실함을 인정받고 전문성을 발휘하여 관리자가 되었다.

20대 후반에 3년 정도 시간을 보낸 감옥에서도 처음에는 신참 죄수에 불과했겠으나 시간이 흐르면서 감옥 안의 모든 일을 맡아 하는 관리자가 되었다. 요셉은 어딜 가서나 바람직한 태도에 기반을 둔 주인의식과 자기 일에 대한 전문성을 통해 결국 관리자의 위치에 올랐다. 그래서 요셉은 애굽 정부의 관리자인 국무총리가 되어 세계 최강국가의 수장 역할을 해냈다.

세상에서 어떤 사람들은 못된 주인의식을 가지고 주인 행세를 하고 있다. 기업이 자신의 것인 양, 대형교회가 자신의 소유인 양 설치곤 한다. 그러나 참된 주인의식을 가진 사람이 주인이다. 주인의식은 요셉의 경우처럼 성실한 태도를 통해 나타난다. 결국 승부는 태도에서 판가름 난다. 성실하지 않은 사람이 실력만 믿고 1~2년 반짝 성공하는 것처럼 보일 수 있다. 그러나 시간이 지나면 그런 성공은 사상누각임이 드러난다.

요셉은 평생 어디에서나 사도 바울의 교훈처럼 무슨 일을 하든지 사람에게 하듯 하지 않고 하나님에게 하듯이 하는 사람이었다. 사람에게 잘 보이기 위해 하는 일도 꾸준히 하면 표가 날 텐데, 하나님에게 하듯이 한다면 얼마나 제대로 일하는 것인가? 오늘 우리에게 이런 주인의식에 근거한 바람직한 태도가 필요하다. 재능만으로는 부족하고 태도가 중요하다는 사실만 제대로 이해해도 우리는 인생에서 진정한 성공을 추구할 수 있다.

C·H·A·P·T·E·R·5

치명적인 유혹을 이겨내기 위하여

유혹이 있으면 "그만!" 이라고 소리쳐라
옷은 팽개치더라도 양심은 포기하지 마라
유혹을 이겨내기 위해 말씀으로 무장하라
유혹을 이겨내어 충성심을 잃지 마라

* * * * *

아마도 보디발의 아내가 요셉을 처음 봤을 때부터 매력을 느낀 것은 아닌 것 같다. 나이 열일곱 살에 노예로 팔려온 요셉이 성장해서 청년이 되었을 때에야 보디발의 아내는 요셉에게 매력을 느껴 추파를 던지고 동침을 요구한 것이다(창 39:7). 한글 개역성경은 제대로 반영하지 않지만 보디발의 아내는 노골적으로 말했다. "나와 동침하자"("Come to bed with me!" NIV). 이 요구는 군더더기 없이 핵심만을 전달하는 간결함도 있고, 한편으로 자기 집의 노예를 향해 주인의 아내가 요구하는 단호함도 담고 있다. 요셉과 보디발의 아내간의 미묘한 관계와 입장을 잘 보여준다.

아마도 보디발의 아내는 여러 가지 방법을 다 동원하여 요셉을 유혹했을 것이다. 요셉이 단호하게 거절했지만 날마다 요셉에게 동침을 요구했던 것을 보면(창 39:10) 틀림없이 그녀는 보통 여인이 아니었다. 더구나 애굽의 권력 서열 3위쯤에 해당하는 사람의 아내였다. 그런데도 요셉이 쉽지 않은 결단과 용기를 보여 여인의 집요한 요구를 거절했다는 사실 역시 보통 일이 아니었다. 성적 유혹이야 동서고금을 가릴 것 없이 공통적이지만 오늘날도 심각한 성적 방종의 시대이다. 이런 때 요셉에게 우리는 치명적인 성적 유혹을 이기는 비결을 배울 수 있다.

유혹이 있으면 "그만!" 이라고 소리쳐라

성적 유혹이 오늘 우리 시대에 얼마나 심각한지, 전에 신학교에 다닐 때 한 교수님께 들은 이야기가 있다. 서울에 있는 큰 교회의 유치부를 섬기는 목사님이 있었다. 창세기를 연속으로 설교하다가 요셉의 이야기 중 요셉이 유혹받는 부분을 그냥 넘어가려고 했다. 그런데 그럴 수는 없었다. 왜 요셉이 감옥살이를 해야 했는지 설명하기 위해서는 유혹받는 장면을 빠뜨릴 수 없었기 때문이다. 그래서 설교를 앞두고 일주일간 고민을 하다가 설교 시간에 꼬마 아이들에게 이렇게 설교했다고 한다.

"어느 날 보디발 장군의 아내가 요셉을 보고 이렇게 말했어요. '요셉아, 요셉아, 우리 오늘은 침대에서 놀래?'" 그랬더니 예닐곱 살 된 아이들이 난리를 치면서 웃었다고 한다. 어떤 녀석들은 의

자 위로 뛰어 올라서 책상을 치고 발을 구르면서 깔깔거렸다는 것이다. 침대에서 노는 것이 무엇인지 잘 안다는 뜻이었다. 그 목사님이 유치부에서 설교하면서 그렇게 아이들을 웃겨보고 호응을 얻어 본 적이 없었다는 것 아닌가! 요즘 아이들이 이 정도이다. 초등학교에도 입학하지 않은 꼬마 아이들도 '침대에서 노는 것' 정도는 다 안다. 아이들에게도 우리 사회의 비정상적인 성문화가 노출되어 있다는 것이고, 아이들도 그렇게 영악해진 것이다.

이런 시대에 우리가 성적 유혹과 맞서는 일은 결코 쉽지 않음을 알 수 있다. 그런 죄의 유혹들이 눈앞에 있을 때, 나에게 접근해 올 때 어떻게 거절할 수 있는가? 요셉처럼 단호하게 거절하려면 어떻게 해야 할까? 요즘 영상물을 통해, 특히 인터넷을 통해 얼마나 성적 유혹들을 쉽게 접할 수 있는가? 특히 남성들은 더욱 조심해야 한다. 손쉽게 음란물을 접할 수 있는 우리의 인터넷 환경과 일터 주변의 타락한 성문화 속에서 특별한 각오를 하지 않으면 안 된다.

성적 유혹을 이겨낼 수 있는 방법 한 가지를 소개하고자 한다. 비단 이것은 성적인 유혹에만 해당되는 것이 아니라 우리가 경험하는 모든 유혹에 해당된다. 당신이 자주 겪는 유혹의 상황에 적용해보라. 유혹을 받는 현장에서도 '아, 이게 유혹이구나!'라는 생각을 할 수 있는 여유가 있다. 때로 우리는 유혹이 유혹인줄 잘 모르고 나중에야 깨닫는 경우도 있다. 그러나 그런 경우는 그리

흔하지 않다. 우리는 유혹받는 현장에서 잠시 생각할 여유는 있기 마련이다. 그때 이렇게 소리쳐 보는 것이다. "그만!"

강하게 소리쳐야 한다. 물론 사람들이 옆에 있을 때 크게 소리치면 그들이 놀란다. 그때는 내면에, 자신의 속사람을 향해서 소리를 강하게 질러라. "그만!" 영어로 "Stop!"이라고 외쳐도 된다. 콩글리시로 "스톱!"이라고 소리쳐도 좋다. 앞만 보고 달리는 것만이 인생은 아니다. 가다가 멈출 줄도 알아야 한다. 스톱해야 할 때를 잘 알아야 한다. 운전을 할 때도 경험하지 않는가? 어떻게 앞만 보고 달려갈 수가 있는가? 멈출 때도 있고 좌우를 확인하거나 심지어 뒤를 돌아봐야 할 때도 있다. 전진만이 아니라 후진해야 할 때도 있는 것이 바로 우리네 인생이다.

유혹받는 현장에서 이렇게 수단과 방법을 가리지 않고 "그만!"이라고 고함을 질러야 하는 이유는 무엇인가? 그렇게 소리치는 것은 이런 긴 말을 줄인 것이다. "나사렛 예수 그리스도의 이름으로 내가 네게 명하노니 내게서 악한 생각과 행동을 하게 하는 사탄아 물러갈지어다!" 이런 긴 축사(逐邪)의 기도를 줄인 것이 바로 "그만!"이다. 죄의 유혹이 당신 앞에 있을 때마다 소리쳐보라. "그만, 그만! 스톱, 스톱!" 유혹이 앞에 있을 때 자신에게 "그만!"이라고 소리치면서 기도하라. 성령을 의지하여 악한 사탄의 유혹과 맞서라. 하나님의 말씀을 기억하라. 나를 위해 십자가에 달려 돌아가신 예수 그리스도의 보혈을 느껴보라! 그러면 유혹을 이겨낼 힘을 하나님이 주신다.

요셉은 말했다. "아무도 보는 사람 없어서 죄짓기 좋은 환경이지만 내가 어떻게 하나님께 죄를 짓겠습니까? 나는 안 합니다. 당신의 요구대로 할 수 없습니다. 그만합니다. 그만, 그만, 그만!" 유혹이 있을 때마다 우리 주님의 십자가를 의지하면서 이렇게 자신에게 명령해야 유혹에서 벗어날 수 있다. 이 사실을 명심하여 확실하게 죄의 유혹을 부정해야만 한다.

이와 관련해서 미국의 존 파이퍼 목사는 「존 파이퍼 하나님의 섭리」(엔크리스토 펴냄, 103-105쪽)라는 책에서 이렇게 말했다. "오늘날 세상의 세태는 이러하다. 하고 싶으면 하라. 죄책감을 불러일으키는 청교도적인 정조와 성실의 가치 따위는 잊어버려라. 하지만 나는 미혼 남녀에게 이런 말을 전하고 싶다. 별은 아름답게 빛나고, 맥박이 망치처럼 쿵쾅거리고, 아무도 보는 사람이 없다할지라도 멈추라. 의를 위해서 멈추라. 그대의 순결 위에 새벽 여명이 비추이게 하라."

성 개방의 시대에 어떤 음성에 귀를 기울일 것인지 잘 판단해야 한다. 우리는 멈추는 연습을 잘해야 한다. 마음 내키는 대로 행동하는 것은 누구나 할 수 있고, 짐승들은 늘 그렇게 행동한다. 그러나 원칙과 가치에 따라서 절제할 줄 알고 기다릴 줄 아는 사람은 지혜롭고 순결한 사람이다. 성 '개방'의 시대에 우리의 성 '제방'으로 잘 대응해야 한다.

옷은 팽개치더라도 양심은 포기하지 마라

이렇게 유혹받을 때 단호하게 거절하는 것이 중요하다. 특히 성적 유혹의 현장에서는 요셉처럼 도망치는 것이 가장 좋은 방법이다. 미리 그렇게 유혹받을 만한 빌미를 제공하지 않기 위해서 둘만 있는 시간조차 만들지 않은 요셉이었다. 그런데 마침 그날은 집안에 아무도 없는 상황이었고, 그 사실을 모른 채 요셉이 일하러 집으로 들어갔다. 아마도 보디발의 아내가 교묘하게 함정을 파놓았을 것이다.

예기치 못한 돌발 상황에서도 요셉은 참으로 현명했다. 요셉은 자기의 옷을 붙들고 늘어지는 보디발의 아내를 뿌리치고 도망갔다. 옷을 여인에게 빼앗기고 도망친다면 강간의 누명을 쓸 것을 요셉은 알았다. 그러나 요셉은 목숨을 잃을 수도 있는 옷을 팽개치더라도 자신의 양심은 포기하지 않았다. 치명적인 유혹 앞에 이렇게 강력하게 대응하는 요셉을 우리가 배워야 한다.

이미 죄의 유혹에 빠져 있다면 회개하라. 진심으로 회개하라. "하나님, 제가 정말 잘못했습니다. 용서해주소서. 다시는 이런 죄의 유혹에 빠지지 않을 수 있도록 제게 용기를 주소서. 정결한 힘을 주소서. 예수 그리스도의 십자가 보혈의 피가 저의 나약한 영혼을 적셔주셔야 합니다." 회개하면서 다시 그 자리에 가지 않도록 할 수 있는 모든 노력을 기울여야 한다. 죄악의 길로 가는 통로들을 모두 없애는 결단이 필요하다. 자주 넘어지면서도 자꾸

가게 되는 그 유혹의 길을 차단해야 한다. 비밀스러운 곳에서 계속 유혹에 빠지면 빛이 비취는 곳으로 나오라. 혼자 있어서 유혹을 끊지 못하면, 둘만 있기에 죄에서 헤어 나오지 못하면 여럿이 함께 있는 밝은 환경을 만들어야 한다.

우리가 세상에서 겪는 윤리적인 문제들에서 자주 유혹을 받는다면 결단해야 한다. 그 결단을 선언해야 한다. "내가 전에는 비록 넘어졌고 약했지만 이제부터 이 부분에서 단호한 결단을 합니다. 손해가 있어도 앞으로 이렇게 하겠습니다." 관행의 이름으로 계속 해왔다면 그 질긴 습관의식이 죄의식을 무디게 한다. 여러 사람들이 함께했던 일이라면 그 묘한 공범의식이 죄악의 치명성에 물을 탄다. 그래서 순교적인 결단이 필요하다. 결심한다면, 하나님 앞에서 살아 있다면 예수 그리스도께서 기뻐하실 단호한 길을 따르라.

순결한 자가 힘을 가져야 그것이 진짜 힘이다. 정직한 자가 보여주는 힘이 힘의 본질이다. 우리 주변에 정직하지도 못하고 정결하지도 못하면서 권력을 휘두르는 사람들이 있다. 지저분한 돈과 권력에 기대어서 비리를 저지르는 기업인들, 정치인들, 거기 들러붙어 기생하는 불쌍한 인간들을 볼 수 있지 않은가? 그런 불쌍한 사람들을 보면서 비웃어주라. "웃기고 있네. 그래 너 잘났다. 그렇게 잘 해먹다 인생 끝내니 넌 참 불쌍하다. 쫄딱 망해서라도 예수님을 믿으면 좋겠는데…" 그렇게 비웃어주면서 그런 불쌍한 그 사람들을 위해 기도해 줄 수 있어야 한다. 또한 그 사람들의 잘못을 타산지석으로 삼아야 한다. 나 자신도 얼마든지 그런 죄악에 빠질 수 있음을 겸손히 인정하고 죄를 안 짓기 위해 뼈를 깎는 노력을 해야 한다.

요셉이 유혹의 현장에서 큰 믿음을 보여줄 수 있었던 원동력은 무엇인가? 무엇이 그렇게 치명적인 성적 유혹을 이길 수 있게 한 힘이었을까? 바로 하나님의 말씀이었다고 나는 생각한다. 어린 시절부터 아버지 야곱에게서 받은 말씀 교육의 영향으로 요셉은 치명적인 유혹을 이겨낼 수 있었다. 사실 말씀 외에 우리가 세상에서 받는 유혹들을 이겨낼 수 있는 방법은 없다. "청년이 무엇으로 그의 행실을 깨끗하게 하리이까. 주의 말씀만 지킬 따름이니이다. 내가 전심으로 주를 찾았사오니 주의 계명에서 떠나지 말게 하소서. 내가 주께 범죄하지 아니하려 하여 주의 말씀을 내 마음에 두었나이다"(시 119:9-11).

요셉은 말씀의 능력에 자신의 모든 것을 맡겼다. 하나님이 약속하셨으니 하나님 마음대로 하시라는 강짜이기도 했다. 보디발의 아내가 자기의 옷을 잡고 늘어질 때 아마도 옷이 찢어지고, 그래서 벗겨질 정도로 실랑이를 벌이면서 뿌리쳤을 것이다. 그 실랑이 속에서 요셉은 어쩌면 자포자기의 심정이었을 것 같다. "하나님, 마음대로 하십시오. 저는 이제 모릅니다!"

그러면 요셉이 그렇게 확신하면서 단호한 행동을 할 수 있게 한 하나님의 말씀이란 어떤 것이었을까? 그가 들었던 말씀은 무엇이었는가? 요셉은 아버지 야곱에게 수없이 들어서 외우다시피 한 말씀을 마음속에 간직하고 있었을 것이다. 야곱은 족장 후보인 요셉에게 수시로 말씀을 교육하였음이 틀림없다.

토마스 만이 소설 「요셉과 그 형제들」에서 이 장면을 상상하고 있다. 하갈의 땅, 애굽 사람들의 음란함에 대해서 긴 이야기를 요셉에게 해주던 야곱이 이렇게 말한다. "…기분이 내키면 이웃 사람 침상 옆에 잠자리를 펴고, 서로 여자를 바꾸기도 한다. 또 어떤 여자가 시장에 나갔다가 한 청년을 보고 욕정을 느끼면 그와 동침하는 일도 예사라더구나. 이 사람들은 짐승 같아서 오래된 신전 깊숙이 모셔놓은 짐승들 앞에 머리를 조아린다. 그리고 이런 이야기도 들은 적이 있다. 그 신전 안에 순결을 잃지 않은 처녀를 데리고 가서 온 백성이 지켜보는 가운데 빈디디라는 이름을 가진 숫염소와 교미를 시킨다지 뭐냐. 이런 풍습을 내 아들은 옳다고 보느냐?"(「요셉과 그 형제들」(1권) 야곱 이야기, 살림출판사 펴냄, 156-157쪽).

아버지가 이렇게 당시 지배적인 애굽 문화의 타락성에 대해 다소 일반화하고 과장해서 걱정하자 사춘기 소년 요셉은 샐쭉하긴 했으나 아버지의 말씀에 수긍한다. 이런 방식으로 요셉은 아버지에게 말씀 교육을 제대로 받았을 것이다.

또한 야곱 가족이 밧단아람 외할아버지 댁에서 돌아온 후에도 여전히 생존했던 할아버지 이삭도 손자에게 말씀을 들려주었을 것이다. 이삭은 족장 후보인 손자 요셉에게 어떤 말씀을 전해 주셨을까? 창세기 1장부터 37장까지 나오는 그 말씀, 오늘 우리가 보는 창세기의 말씀이 아니었겠는가? 족장들에게 전수된 바로 그 구전의 말씀, 혹은 기록된 형태로 전해졌을 그 말씀을 요셉은 듣고 또 들어서 거의 외웠을 것이다. 그렇게 전해졌으니 아마도 오늘 우리가 성경의 첫 책인 창세기를 가지고 있을 것이다.

요셉이 반복해서 들었던 이야기 중에는 어떤 말씀이 있었는가? 할아버지 이삭이 블레셋 땅에서 자기 아내를 누이라고 하여 아내를 빼앗길 뻔했던 이야기가 있었다(창 26:6-11). 할아버지 이삭은 아마도 그 이야기를 할 때 수치스러워 얼굴을 붉히면서도 요셉의 인생에 중요한 교훈이 될 것이라고 기대하면서 빠뜨리지 않고 이야기해 주었을 것이다. 또한 이 집안에는 그렇게 아내를 누이라고 거짓말하는 '가족력'이 있었는지, 증조할아버지 아브라함은 그런 잘못을 애굽과 블레셋 땅에서 두 번씩이나 저질렀다(창 12:10-20, 20:1-18). 그런 가슴 아픈 집안 어른들의 과거에 대해 요셉은 듣고 또 들어서 잘 기억하고 있었다.

만약 하나님이 개입하시지 않아서 아브라함이나 이삭이 아내를 이방 왕들에게 빼앗겼다면 어떤 일이 벌어졌겠는가? 그 가정의 순결은 깨어지고 말았을 것이다. 그 사실을 너무도 잘 알고 있는 요셉은 보디발의 아내가 요구하는 대로 하여 죄를 범할 수 없었다. 남의 아내인 여인과 간통하는 범죄는 하나님이 짝지어주신 부부관계의 언약을 깨는 일이었다. 요셉이 들은 이야기 중에는 인류의 첫 조상인 아담과 하와의 결혼식 주례사 내용도 포함되었다. 창세기 2장 24절의 내용이다. "이러므로 남자가 부모를 떠나 그의 아내와 합하여 둘이 한 몸을 이룰지로다." 합하여 한 몸을 이루는 부부의 결합(성관계를 포함한 언약적인 결합)을 요셉은 이해하고 있었다. 성적 결합은 종이나 나무판 두 장을 접착시키는 것이기에 붙인 것을 다시 뗄 수 없는 부부만의 배타적이고 친밀한 관계임을 요셉은 잘 알고 있었다.

또한 하나님의 아들들이 사람의 딸들의 아름다움을 보고 자기들이 좋아하는 여자를 아내로 삼아 하나님의 진노를 산 일에 대해서도(창 6:1-3) 요셉은 들어서 알고 있었다. 요셉이 듣고 또 들어 외우다시피 하던 하나님의 말씀 구석구석 여러 곳을 살펴보면 보디발의 아내가 요구하는 행동은 하나님께 너무도 큰 죄악이었다.

유혹을 이겨내기 위해 말씀으로 무장하라

보고 또 봐도 질리지 않는 뮤지컬영화 〈지붕 위의 바이올린〉(Fiddler on the Roof, 1971, 노만 쥬이슨 감독)은 오래 전의 영화지만 오늘 우리에게도 유익한 교훈을 준다. 이 영화의 화두는 '전통'(Tradition)이다. 세상 속에서 살아가는 유대인들이 전통을 의미 있게 지켜내기 위해 기도하고 말씀을 중시하는 모습을 감동적으로 보여준다.

주인공 테비에와 중앙아시아 아나테프카에 사는 유대인들은 늘 랍비와 함께 지내면서 세상 물정에 대한 랍비의 의견을 묻는다. 러시아 정부의 독선에 대해서 그저 비난하고 불만만 키우는 것이 아니라 애교 있게 황제를 비방하는 유머감각도 가지고 있다. 그들은 랍비와 함께 정기적으로 성경을 공부했다. 구약성경에서 이혼의 사유로 제시할 수 있는 "수치되는 일"(신 24:1)에 대해 공부를 할 때 랍비가 한 유대교의 문서에는 '음식을 태우는 행위'도 수치스러운 일에 포함시켰다고 말하자, 성경공부 조원들은 신기해하면서도 서로 의미 있는(?) 미소를 짓는 장면도 재미있다.

영화 속에서 이런 말씀생활은 삶에서 위기를 겪을 때 더욱 진가를 발휘했다. 평소에 테비에와 가까이 지내던 경찰관이 당국의 명령을 전하면서 사흘 안에 아나테프카를 떠나라고 통보한다. 그러자 테비에와 동네 사람들은 몽둥이를 들고서라도 맞서 싸우겠다며 분개한다. 그러나 그때 나이 많은 랍비가 말한다. "우리가 다른 곳에 가서 기다리더라도 메시아는 오십니다. 떠납시다!" 그러자 분노에 치를 떨던 사람들이 갑자기 태도를 바꿔 랍비의 말에 순종한다. 그들은 집으로 돌아가 떠날 준비를 한다. 살던 집과 가축들, 가재도구들도 버리고 눈이 오는 날 생필품 이삿짐을 실은 수레를 끌고 밀면서 떠난다. 가난했지만 정들었던 마을을 그렇게 말씀에 대한 확신에 따라 떠나가는 것이다.

마을을 떠나면서도 늙은 랍비는 회당에 보관해 두는 두루마리 율법서와 성경이나 유대교 문서 몇 권만을 챙겨간다. 자질구레한 다른 물품들에 미련을 두지 않고 말씀만이 가장 중요하다는 모습을 그렇게 보여준다. 하나님의 말씀만으로 험한 세상에서 하나님의 뜻을 찾겠다는 의지이고, 말씀에 수긍하는 자세이다. 물론 유대인들은 아직도 그리스도께서 오시지 않았다고 믿고 있기에 우리의 신앙과는 다르지만, 이 영화 속 유대인들이 삶 속에서 하나님의 말씀에 순종하는 자세는 우리가 배워야 한다.

우리가 유혹을 이기기 위해서는 이렇게 말씀으로 무장하는 훈련이 꼭 필요하다. 교회 청년들이 대학부와 청년부에서 말씀 훈련을 잘 받으며 지내다가 치열한 일터 현장에 취업하여 일을 시작하다 보면 말씀의 기근을 경험한다. 새벽부터 밤늦게까지 정신없이 일해야 하는 비즈니스 현장에서 눈코 뜰 새 없는 신입사원 시절을 보내다 보니 말씀의 밑천이 바닥을 드러내는 것이다. 이런 안타까운 일을 겪지 않기 위해 미리 말씀의 내공을 튼튼하게 쌓아나가야 한다. 그래서 말씀을 읽고, 듣고, 암송하는 일이 습관이 되도록 훈련해야 한다. 또 우리는 인생을 살다 보면 병이 들 수도 있고, 신앙의 슬럼프에 빠질 수도 있다. 성경을 아예 볼 수 없을 때도 있다. 그런 때는 기억나는 말씀을 되새김질하면서 말씀을 묵상할 수 있다. 이렇게 어려운 환경에 처했을 때 말씀 수업을 통해 인생의 새로운 전기를 마련한 사람이 있다.

1912년에 태어나 미국 공군에 입대했다가 제2차 세계대전을 겪었던 사람이다. 그는 진주만 기습을 당한 후 두리틀 중령의 일본 폭격 편대에 참가했던 제이콥 드쉐이저 3등중사이다. 드쉐이저 중사는 진주만 기습을 당한 후 일본인들을 향한 복수심에 불타올라 폭격대원으로 자원했다. 일본 나고야를 폭격하는 작전에 성공하고는 중국 땅으로 가서 불시착하기로 한 곳에서 낙하산을 타고 내려오다 일본군의 포로가 되고 말았다. 그는 수용소에 갇혀 온갖 고초를 겪었고, 동료들 중에는 처형되거나 영양실조로 사망한 사람들도 있었다.

그런데 일본군 감시원에게 성경을 빌릴 수 있는 기회가 있었다. 그래서 3주간의 기회를 얻어 성경을 탐독하기 시작했다. 그러다가 그는 자기가 하나님 앞에서 죄인임을 깨닫고 예수님의 십자가 사건을 믿고 예수님을 구주로 영접했다. 훗날 드쉐이저 선교사는 로마서 10장 9절 말씀이 마음에 다가왔고, 믿음을 통해 구원을 선물로 받았다고 고백했다. "네가 만일 네 입으로 예수를 주로 시인하며 또 하나님께서 그를 죽은 자 가운데서 살리신 것을 네 마음에 믿으면 구원을 받으리라."

곧 성경을 돌려주어야 하겠기에 성경을 읽으면서 보았던 구절 중 마음에 부딪히던 구절들을 암기하기 시작했다. 사랑에 관한 구절들을 주로 암기하고는 전쟁이 끝난 후 석방되어 귀환하기까지

14개월의 독방생활 동안 그 말씀을 묵상하면서 지냈다. 그 과정에 일본군 감시원까지 사랑하게 되었다. 자신을 괴롭히고 동료들을 죽인 일본인들을 향한 뜨거운 복수심이 변하여 그들의 영혼을 향한 사랑의 열정을 느꼈다. "저는 더 이상 원망, 증오, 미움이 없고, 그들을 사랑하게 되었어요. 그들을 불쌍히 여기게 되었어요."

전쟁이 끝난 후 고국으로 돌아온 제이콥 드쉐이저는 시애틀퍼시픽대학교에 입학했고, 선교사가 되기 위한 준비를 하며 공부한 후 졸업했다. 그래서 그는 1948년에 아내 플로렌스와 함께 일본 선교사로 파송받아 복음을 전했다. 그가 가서 선교를 시작한 1년 동안 많은 일본인들이 예수님을 영접하는 역사가 있어났으나, 특히 어떤 사람의 회심보다 더욱 큰 의미가 있는 한 사건이 있었다.

진주만 기습을 감행한 일본 공군의 한 편대를 이끌었던 후치다 미쓰오 중좌를 만나게 되었다. 후치다는 거리 전도를 하던 드쉐이저 선교사의 전도를 받았고, '나는 일본의 죄수였다'(I Was a Prisoner of Japan)라는 제목의 팸플릿을 읽은 후 그리스도인이 되었다. 드쉐이저 선교사의 집을 찾아온 후치다가 크리스천이 되고 싶다고 말했다. 그래서 세례를 주었고, 그 후 두 사람은 함께 설교하면서 복음을 전하기도 했다. 1959년에 드쉐이저 선교사는 나고야로 옮겨가서 거기에 교회를 세웠다. 나고야는 17년 전인 1942년에 드쉐이저 중사가 편대원들과 함께 폭격을 했던 바로 그 도시였다.

이렇게 말씀이 한 사람의 생애를 변화시켰다. 증오심을 갖고 폭격했던 적국의 도시에 가서 복음을 전하려는 열정을 불어넣었다. 이것이 바로 말씀의 능력이다. 또한 원수였던 사람을 회심하게 하는 놀라운 능력과 은혜가 바로 말씀에 담겨 있다. 우리에게도 혹시 닥칠 수 있는 말씀의 기근을 대비해서 우리는 평소에 말씀 농사를 잘 지어두어야 한다.

유혹을 이겨내어 충성심을 잃지 마라

미국의 빌 헐 목사는 「성령의 능력에 관한 솔직한 대화」라는 저서를 통해 인기 있는 TV프로그램 〈California Gold〉에서 본 내용을 소개한다. 코끼리 조련사였다가 은퇴한 찰리 프랭크에 대한 이야기이다. 찰리는 니타라는 코끼리를 오랫동안 훈련시켜서 공연했고, 은퇴 후 니타를 멀리 샌디에이고 동물원으로 보냈다. 찰리와 니타는 15년 동안 서로 만나지 못했는데, 프로그램 진행자 휴엘 하우저가 찰리를 데리고 샌디에이고 동물원으로 니타를 찾아갔다.

 물론 찰리는 열 마리의 코끼리들 중에서 니타를 금세 알아봤다. 하지만 15년의 세월이 지났는데 늙은 코끼리가 옛 조련사를 알아볼지 확신이 없었다. 찰리가 먼 거리에 서서 니타를 불렀다. 그러자 몸무게 2톤이나 나가는 엄청난 덩치의 코끼리 한 마리가 방향을 휙 틀었다. 그러더니 땅을 울리면서 찰리에게로 뛰어왔다. 찰리는 니타에게로 다가가서 쓰다듬어주었고, 니타는 긴 코를 찰리의 볼에 비벼댔다.

빌 헐 목사는 이 장면에서 울고 말았다고 한다. 찰리도 울었고, 진행자 휴엘도 울었고, 수많은 시청자들이 함께 눈물 흘렸다. 그런데 바로 그때 놀라운 일이 벌어졌다. 찰리가 그 옛날 니타와 함께했던 공연을 니타가 똑같이 재연하는 것이었다. 15년 동안이나 서로 보지 못했음에도 마치 한 번도 헤어진 적이 없었던 듯이 둘은 함께 멋진 장면을 연출했다(국제제자훈련원 펴냄, 364-365쪽).

무수한 관람객의 음성과는 다른 목소리, 자기를 돌보던 주인 찰리의 목소리를 기억하고 있는 코끼리 니타는 많은 것을 말해준다. 우리는 과연 주님의 음성인 말씀을 보면서 코끼리 니타와 같은 반응을 보이는가? 예수님은 양들은 목자의 음성을 알기에 따른다고 말씀하신다. "내 양은 내 음성을 들으며 나는 그들을 알며 그들은 나를 따르느니라"(요 10:27). 늙은 코끼리 니타에게서 배우자. 주님의 말씀을 늘 듣고 배우며 말씀으로 인생의 방향을 잡아나가겠다고 결심해보자.

요셉은 말씀의 능력을 통해 힘든 유혹을 이겨내면서 결국 세 방향으로 자신의 올곧은 충성심을 보여주었다. 첫째는 하나님을 향한 충성심이었다. 요셉이 유혹을 거절하는 메시지의 핵심은 명쾌했다. 주인 아내의 요구대로 하면 그것은 하나님에게 죄를 짓는 것이었다는 이야기이다. "내가 어찌 이 큰 악을 행하여 하나님께 죄를 지으리이까"(창 39:9). 말씀을 통해 배운 바에 따르면 그것이 하나님이 기뻐하시는 행동이 아니라는 것을 요셉은 분명히 알고 있었고, 그것을 분명하게 입으로 고백했다. 이렇게 말씀을 통해 요셉은 하나님이 주시는 능력과 지혜와 분별력을 얻었고, 결국 유혹에 빠지지 않았다.

둘째로 요셉은 주인인 보디발에게 충성했다. 요셉이 유혹하는 보디발의 아내에게 말했다. "이 집에는 나보다 큰 이가 없으며 주인이 아무것도 내게 금하지 아니하였어도 금한 것은 당신뿐이니 당신은 그의 아내임이라"(창 39:9). 요셉이 보디발의 아내와 불륜을 저지를 수 없었던 것은 그의 주인에 대한 충성심 때문이기도 했다. 요셉은 상사 보디발이 자신의 음식 외의 모든 문제를 다 결정해서 처리해도 좋다고 했지만, 그가 이야기하지 않았어도 자신이 마음대로 할 수 없는 대상이 누구인지 알고 있었다. 주인에 대한 충성심 없이는 생각할 수 없는 현명한 판단이었다.

셋째로 심지어 요셉은 자신을 유혹하는 보디발의 아내에 대해서도 충성심을 잃지 않았다. 그녀는 어쨌든 직장 상사의 아내였다. 요셉은 그 여인을 향한 충성심을 잃지 않았다. 또한 어떤 타협도 하지 않고 떳떳했다. 보디발의 아내는 요셉의 옷을 증거물로 확보한 채 자기 남편이 돌아오기까지 기다렸다고 한다. 집안의 종들에게 이미 큰 소리로 이야기하여 요셉의 혐의를 알렸지만, 요셉을 잡아 가두라 하지도 않고 남편이 오기까지 기다렸다 (창 39:16). 남편이 궁궐에 있었다면 바로 부를 수 있었는데 그러지 않았고, 멀리 출타했다면 현장범인 요셉의 투옥을 조치하지 않고 그냥 두었다는 이야기이다. 보디발의 아내가 이렇게 행동한 이유는 무엇이었을까? 요셉의 반응을 기대했기 때문이라고 볼 수 있다.

여지를 남겨두었음에도 요셉은 보디발의 아내를 찾아가 어떤 타협도 하지 않았다. 울며 용서를 구하거나 변명하지도 않았다. 보디발이 돌아오는 기간이 길었더라도 요셉은 보디발의 아내에 대해 어떤 다른 반응도 보이지 않았다. 보디발이 돌아온 후에도 요셉은 한마디 변명도 하지 않았던 것 같다. 증거물도 확실해 변명하기도 여의치 않았을 것이다. 결국 이런 요셉의 자세가 보디발의 아내에 대한 충성심이었다. 요셉이 그녀에게 해줄 수 있는 최상의 예우는 그녀의 말대로 자신이 강간미수범으로 처벌받는 것이었다고 본 것이다. 그녀에게 다른 일을 해줄 수는 없었다. 그저 입을 다물었다.

그러나 보디발은 자기 아내의 행실이 단정하지 못한 것을 잘 알고 있었을 것이라고 나는 생각한다. 요셉이 변명하지 않아도 보디발은 상황을 충분히 판단했을 것이다. 그래서 주인 아내를 강간하려 한 노예 요셉을 당시의 법대로 사형시키는 대신 자신의 집에 있던 왕의 죄수를 가두는 감옥에 가두었다. 이것은 마치 더 이상 유혹받을 수 없는 자리로 요셉을 전출시키는 것 같은 일종의 '인사 조치'라고 볼 수도 있지 않은가? 감옥에 들어가면서 적어도 요셉은 보디발의 아내의 집요한 성적 유혹으로부터 벗어날 수 있었다. 말씀으로 무장하여 충성스러웠던 요셉에게 하나님은 이런 놀라운 은혜와 섭리의 손길로 인도하셨다.

요셉은 유혹이 난무하는 세상 속에서도 착실하게 수행했던 말씀 수업을 통해 인생의 가장 힘들고 어려운 위기를 극복했다. 어린 시절부터 말씀 교육을 받았던 요셉은 그 말씀에 근거하여 유혹의 순간에도 하나님과 동행할 수 있었다. 말씀에 충실한 삶을 살 때 우리도 세상에서 요셉처럼 굳게 설 수 있다. 유혹을 이겨낼 수 있다. 말씀으로 무장하자. 유혹을 이길 힘과 용기를 달라고 기도하자. 이렇게 시편 기자처럼 기도할 수 있다. "내가 전심으로 주를 찾았사오니 주의 계명에서 떠나지 말게 하소서"(시 119:10).

C·H·A·P·T·E·R·6

고통을 당할 때 더욱더 부르짖으라

절망의 순간에도 하나님은 함께하신다
하나님에게 당신의 영혼을 쏟아 부으라
기도하면 하나님이 행동하게 하신다
더욱 고통스러워도 기다려야 한다

* * * * *

요셉이 누명을 쓰고 감옥에 들어갔을 때 그를 가장 괴롭힌 감정은 무엇이었을까? 분노가 치밀어 올랐을 테고, 앞날에 대한 두려움도 요셉의 마음속 깊은 곳에 자리 잡았을 것이다. 그런데 아마도 요셉의 마음을 가장 괴롭혔을 감정은 억울함이었을 것 같다. 형들에게 팔려 애굽에 끌려와 노예가 되었던 일도 억울한 일이 아닐 수 없었다. 그런데 그때는 형들과 관계가 좋지 않았고, 요셉의 입장에서도 형들에게 미움받을 만한 행동을 했다. 요셉도 그 사실을 부인할 수는 없었다. 애굽으로 끌려가던 그 길고 고통스러운 여정 동안 요셉은 스스로 반성했을 것이다.

그런데 이번 경우는 달랐다. 친위대장 보디발의 집에서 누구보다 성실하게 일했고, 그로 인해 가정총무라는 자리에까지 올랐다. 보디발의 집안일과 밭일에서 예전보다 확실하게 눈에 띌 정도로 개선된 성과를 내기도 했다. 요셉으로 인해 보디발의 집안 살림이 과거보다 훨씬 더 호전되었다는 것은 누구나 알고 있다. 그런데 억울하게 누명을 쓰고 감옥에 갇히게 되었다. 요셉이 보디발의 아내를 범하려고 했다니, 너무나 억울한 모함이었다. 요셉의 결백은 함께 일하던 동료 노예들도 다 알고 있었을 것이다. 요셉은 이런 억울함 때문에 감옥 안에서 잠을 이룰 수 없었을 것 같다.

절망의 순간에도 하나님은 함께하신다

요셉은 이유 없는 고통을 당했다. 오늘 세상을 살아가는 우리도 이유 없는 고통 때문에 답답하고 안타까울 수 있다. 애매하게 당하는 고통만큼 억울한 일이 어디에 있는가? 잠을 잘 수 없고, 생활을 제대로 해낼 수도 없어 고민하게 된다. 이런 문제에 대해 사도 베드로가 실감나게 교훈하는데, 특히 일터의 상황을 언급하고 있어서 친숙하고 의미심장하다. 베드로는 주인을 섬기는 사환들에게 윗사람에게 순종하라고 교훈했다. 그런데 선하고 관용적인 윗사람만이 아니라 까다로운 윗사람에게도 순종하라고 명령했다. 부당하게 고난을 받아도 하나님을 생각하면서 슬픔을 참으면 아름답다고 했다. 만약 죄가 있어 매를 맞으면 칭찬받을 것도 없지만, 선을 행하는 데도 고난을 받고 참아낸다면 그것은 하나님 앞에 아름답다고 했다(벧전 2:18-20).

창세기 기자는 사실 요셉이 하나님에게 복을 받았다고 온갖 칭찬을 늘어놓는데(창 39:2-6), 사람들에게는 학대를 받았다. 보디발의 아내에게 유혹을 받고, 직장상사 보디발에게 배신당했다. 그래서 감옥에 들어갔다. 하나님에게 복을 받아서 형통하다는 표현이 무색할 정도로 사람들에게는 어려움을 겪었다. 하나님의 복은 이렇게 인간적인 성공이나 영화를 누리는 것과는 다를 수 있다.

요셉의 억울한 투옥은 분명히 심각한 고통을 가져다주었다. 육체적인 고통도 있었겠으나 그를 더욱 괴롭힌 것은 바로 이해할 수 없는 상황이었다. 하나님이 개입하시지 않는 것 같은 자신의 인생에 대한 아쉬움이 무척 컸을 것이다. 하지만 요셉이 그렇게 모함을 받아 감옥에 갇힌 일에 대해 좀 더 생각해봐야 한다. 보디발이 요셉을 옥에 가두었다는 것은 그의 아내가 한 말, 즉 요셉이 자신을 강간하려고 했다는 말을 인정했다는 뜻이다. 위에서도 언급한 대로 그렇다면 보디발이 요셉을 죽여도 무방하지 않았겠는가? 어차피 요셉은 한 명의 노예에 불과했다. 보디발 집의 가정총무라고 해봐야 그의 신분은 노예였다.

그런데 보디발은 아내를 강간하려 한 혐의를 받는 요셉을 자기 집 안에 있는 감옥에 가두었다. 더구나 그 감옥은 왕의 죄수들이 갇히는 특별한 감옥이었으니 그런 조치는 요셉의 죄질로 봐서도 다소 엉뚱하고 미흡한 조치가 아닌가? 바로 여기에 하나님의 은혜가 개입되었다. 투옥된 요셉은 종에서 죄수로 전락했지만, 거기서도 계속 보디발의 지시를 받았다. 요셉이 감옥에서 보디발과 계속 교감이 있었던 것은 왕의 측근 신하였던 두 고관이 감옥에 들어왔을 때 보디발이 그들을 섬기라고 요셉에게 명령하는 것을 보면 알 수 있다(창 40:4).

이것은 무슨 의미인가? 보디발도 자기 아내의 행실이 단정하지 못하다는 사실을 익히 알고 있었던 것 같다. 그렇다고 결정적인 증거물을 손에 들고 길길이 날뛰는 아내 앞에서 보디발이 요셉의 손을 들어줄 수는 없었을 것이다. 그래서 보디발은 근무지를 바꿔주는 셈치고 요셉을 투옥하였다. 아내의 체면도 살려주고 더 이상 자기 아내가 요셉을 유혹하지 못하도록 격리시킨 조치였다. 요셉의 능력은 최대한 살려 집안일에 보탬이 되게 하는 일거양득이었던 것이다.

만약 이런 이유로 보디발이 요셉을 옥에 가두었다면 요셉의 투옥은 하나님의 큰 은혜이자 인생의 새로운 전기를 마련하는 전환점이 될 수 있었다. 보디발의 집에서 10년쯤 일했으면 이제 새로운 일을 배울 만한 것은 없었다. 그 일은 마감하고, 신경 쓰이게 유혹하는 사람과도 떨어져서 좌천의 한가함을 즐기면 되었다. 새로운 경험을 하면서 앞날을 모색하는 기회를 가지면 되었다는 뜻이다. 따라서 문제는 요셉이 감옥에서 절망하지 않고 억울함을 이겨내는 것이었다. 그렇게 하기만 하면 요셉의 투옥은 그의 인생에서 중요한 터닝 포인트가 될 수 있는 일이었다.

인생을 살다 보면 어느 순간 가시철망이라고 할 수 있는 힘든 상황에 빠질 수 있다. 극심한 낙심 가운데 희망을 잃을 수밖에 없는 처지가 되는 것이다. 사실상 요셉이 투옥되면서 경험했던 상실감과 거절감은 대단히 컸다. 요셉은 어린 시절 어머니가 돌아가셔서 버림받았고, 형제들에게 버림받은 후 충성을 다 바친 주인에게도 버림받았다. 무슨 뜻인가? 가정에서도, 직장에서도 다 버림받은 것이다. 이런 절망적인 상황에서 요셉은 고통을 이겨냈다. 절망의 순간에도 하나님의 사람들은 다르다.

요셉은 과연 어떻게 어려운 고통을 견뎌냈을까? 요셉의 고통스러운 절규도 기록하지 않는 창세기 기자는 그가 어떻게 고통을 극복했는지 그 과정도 기록하지 않았다. 하지만 상상해 볼 수 있다. 창세기 기자는 전에 보디발의 집에서 노예로 일할 때 하나님이 함께하신 것처럼 요셉이 감옥에 있을 때도 동일하게 함께하셨다고 기록한다(창 39:21,23). 요셉이 고난을 극복한 단서가 바로 하나님이 요셉과 함께하셨다는 묘사이다. 그러면 감옥에서도 하나님이 요셉과 함께하셨다는 성경의 묘사는 무엇을 의미하는 것인가?

물론 "하나님이 함께하신다"는 칭찬이 요셉의 전유물은 아니다. 요셉의 조상들인 족장들의 삶 속에서도 사람들의 평가나 하나님의 약속에서 여러 차례 이런 표현들이 등장하고 있다. 아브라함에게 찾아온 아비멜렉과 군대장관 비골이 아브라함에게 이렇게 말했다. "네가 무슨 일을 하든지 하나님이 너와 함께 계시도다"(창 21:22). 아들이었던 아비멜렉이 이삭을 찾아와 이렇게 말하기도 했다. "여호와께서 너와 함께 계심을 우리가 분명히 보았으므로 우리의 사이 곧 우리와 너 사이에 맹세하여 너와 계약을 맺으리라"(창 26:28).

그렇다면 사람들은 아브라함이나 이삭과 하나님이 함께하신다는 것을 어떻게 알아보았을까? 자신이 믿는 신들과는 뭔가 달라 보이는 하나님을 섬기는 사람들의 삶이 특이해 보였고, 부러웠던 것일까? 그들이 아브라함과 이삭을 볼 때 생활의 반복되는 습관과 행동에서 그렇게 하나님이 함께하시는 모습이 보였던 것은 아닐까? 또한 당대에 성공한 목축업자들이었던 아브라함과 이삭이 직업적인 측면에서도 큰 성공을 거두는 모습이 역시 같은 업종의 일을 했던 그 사람들의 눈에 띄어 부럽기도 했을 것이다. 이삭과 같은 경우 어딜 가나 땅을 파면 파는 대로 물이 솟아나왔으니 그들은 대단히 부러웠을 것이 틀림없다.

요셉의 상황도 블레셋의 왕들이 아브라함과 이삭을 평가했던 것과 크게 다르지 않았을 것이다. 보디발의 집에서 요셉이 일하는 모습을 통해 하나님이 함께하심을 보았던 사람들은 감옥에서도 역시 하나님이 요셉과 함께하시는 것을 보았다. 그의 성실성과 탁월한 능력이 결국 감옥에서도 형통하게 하였고, 감옥의 책임자인 간수장이 요셉에게 감옥 안의 모든 일을 맡기고 자신은 아무 일도 신경 쓰지 않게 되었다. 감옥 안에서도 요셉은 모든 일의 주도권을 쥐면서 실제적인 책임을 가지고 일하는 실무책임자였다(창 39:21-23). 아울러 감옥의 상황이 요셉이 들어온 후 획기적으로 개선된 것을 누구나 확인할 수 있었다. 그런 변화가 바로 하나님이 요셉과 함께하시는 가장 강력한 증거였다.

하지만 창세기 기자가 요셉이 감옥에서도 하나님이 함께하셔서 형통했다고 기록하는 것은 요셉이 감옥에 들어온 후 꽤 시간이 흘렀을 때의 묘사일 가능성이 높다. 아마도 술 맡은 관원장과 떡 굽는 관원장이 감옥에 들어올 무렵에는 요셉이 감옥에서 자신의 입지와 역할을 확실하게 갖고 있었던 것 같다. 그런 단계에 이르기까지 적어도 1~2년쯤은 요셉이 고통 가운데 번민하는 시간을 보냈을 것이다. 시간이 지나면서 요셉이 차차 감옥에서 적응하게 되는 과정을 시편 105편에서 의미 있게 암시해준다. 18절을 보면 "그의 발은 차꼬를 차고 그의 몸은 쇠사슬에 매였으니"라고 기록되어 있다. 여기서 "그의 발은 차꼬를 차고" 있었다고 하는데, 개역성경이나 대다수의 한글과 영어 성경들은 요셉의 발이 차꼬로 인해 "상했다"라고 번역한다. 이것은 요셉의 수감생활이 오랜 기간이었고, 육체적인 고통도 심각했음을 알려준다.

하나님에게 당신의 영혼을 쏟아 부으라

이런 고통스러운 시간을 거친 후 요셉은 결국 감옥 안에서도 인정받고 모든 일을 책임지는 '실세 간수장'이 되었다. 그러면 그렇게 고통스러운 시간 동안 요셉은 어떻게 하나님과 함께하는 삶을 살았을까? 아마도 이 기간은 요셉이 그의 생애에서 가장 많이 기도한 시간이었을 것이다. 고통받을 때 성도들은 기도할 수밖에 없다. 하나님은 성도들이 어려움을 겪을 때 그렇게 기도하는 것을 기뻐하신다. "환난 날에 나를 부르라. 내가 너를 건지리니 네가 나를 영화롭게 하리로다"(시 50:15).

물론 창세기에서 가장 많은 분량을 할애해서 다루는 인물 요셉에 대한 기록에 그가 기도했다는 묘사가 없는 것이 의아할 수도 있다. 그런데 이것은 요셉이 기도하지 않았다는 뜻은 아니다. 그만큼 요셉이 살았던 애굽의 토양은 세상 친화적이었고, 하나님을 믿는 신앙적인 행동이 공적으로 용납되지 않는 상황이었다는 증거를 보여준다. 요셉이 섬긴 보디발은 당시 신으로 추앙되던 애굽의 왕 바로를 섬기던 측근 신하였다.

요셉은 애굽의 다신교 사상의 한복판에서 날마다 생활해야 했다. 그만큼 그가 자신이 믿는 하나님을 향한 종교적인 행위를 표현하기 쉽지 않은 열악한 상황이었음을 보여준다. 훗날 메데 바사 제국의 총리였던 다니엘이 자기의 관저에서 기도하는(아마도 식사 시간에 하루 세 번씩) 문제로 생명의 위협을 겪었던 일을(단

6:10-11) 생각해 보면 요셉의 환경이 얼마나 어려웠는지 참고할 수 있을 것이다. 요셉은 숨어서 기도했을 것이고, 감옥에서는 더 많은 시간을 기도했을 것은 당연하다.

고통 중에 가장 큰 고통은 앞날이 보이지 않는 것이다. 오늘 고되어도 미래에 대한 희망이 분명하면 견딜 만한데, 앞날이 보이지 않으면 무척 고통스럽다. 요셉의 가정과 비슷하게 한 남편이 두 명의 아내를 둔 가정이 있었다. 엘가나의 둘째 부인 브닌나는 여러 명의 자녀를 낳았다. 그러나 시간이 흘러도 아이를 낳지 못하는 첫째 부인 한나는 절기에 성막에 가서 제사를 지내는 것도 즐겁지 않고 너무나 고통스러웠다. 남편이 한나를 사랑해도 좌절과 아픔은 한나 홀로 감당해내야 했다. 시간이 흐르면 흐를수록 점점 더 아이를 낳을 희망이 없어지는 고통 가운데 한나가 할 수 있는 일이 무엇이었을까? 그것은 바로 기도였다. 성막이 있는 실로에 가족이 함께 가서 제사하고, 식사한 후 괴로운 한나는 성막에 가서 홀로 기도했다. "한나가 마음이 괴로워서 여호와께 기도하고 통곡하며"(삼상 1:10).

우리의 인생에서 고통이 있을 때 해야 할 일이 있다. 그것은 바로 기도이다. 한나는 고통스러울 때 기도했다. 기도를 시작했다. 이런 사람이 하나님의 사람이다. 하나님이 함께하시는 이런 사람을 크리스천이라고 부른다. 괴로울 때 기도를 시작하면 그 기도는 통곡이 된다. 그의 인생이 진정 괴로운 것인가, 아니면 괴로운 척하는 것인가 확인이 가능하다. 고통받는 사람들은 기도하며 통곡한다. 물론 통곡의 기도는 눈물 흘리는 감정만으로 끝나는 것이 아니다. 한나는 하나님 앞에 서원했다. 하나님이 아들을 주신다면 그 아들을 평생 나실인으로 하나님께 드리겠다고 서원했다(삼상 1:11). 이런 헌신과 서원이 즉흥적이거나 충동적이지 않은지 확인할 필요가 있다. 한나는 오래 기도했다(삼상 1:12).

고통 중에 기도할 때 그 기도는 지속되는 기도가 될 수밖에 없다. 한나처럼 시간적으로 오래 기도하기도 하고, 긴 기간 동안 반복해서 기도할 수도 있다. 오래 기도하다 보면 통곡하는 기도가 침묵의 기도로 바뀐다. 입술만 움직이고 음성은 들리지 않는 침묵 기도, 그래서 술 취한 것처럼 보일 만큼 간절한 심정을 토로하는 '가슴 기도'로 바뀐다. 한나는 여호와 앞에 자신의 심정을 통했다고 성경은 기록한다(삼상 1:15). 이 말은 하나님에게 자신의 영혼을 쏟아 부었다는 뜻이다. 비록 엘리 제사장이 자신의 마음을 몰라줘도 한나는 실망하지 않고 기도했다. 그리고 그 엘리 제사장이 자신에게 축복해주는 것을 감사함으로 받고 믿었다.

기도하면 하나님이 행동하게 하신다

크리스천의 특권인 기도에 대한 정의는 다양하다. 한 가지 정의를 더 보탠다면 기도란 자녀가 아버지에게 표현하는 간절한 부탁이다. 나는 이 기도의 개념을 어린 아들에게서 배웠다. 우리 집 아들이 만 두 살쯤 됐을 무렵이니 20여 년 전의 일이다. 그 무렵 대부분의 사내아이들이 그렇듯이 우리 아이도 굴착기(포클레인)를 좋아했다.

어느 날 엄마에게 굴착기가 그려진 그림책과 가위를 가져와서는 "오려, 오려!" 하고 말했다. 전에 잡지에서 예쁜 그림들을 몇 개 오려준 일을 기억하고 굴착기 그림을 오려달라는 것이었다. 아내가 천천히 아들에게 설명했다. "대한아, 그림책에 있는 것을 오린다고 해서 실제로 굴착기가 되는 것은 아니야. 오리지 말고 그냥 보기만 해야 해. 아빠가 2주일 지나면 돌아오는 대한이 두 살 생일 선물로 굴착기 사주신다고 했잖아? 조금만 기다리자."

그러자 녀석이 말은 제대로 못하지만 다 알아들었다. 가위도 내려놓고 그림책도 내려놓았다. 그런데 눈물을 뚝뚝 흘리는 것이었다. 울음소리도 안 내려고 입을 앙다물고 입술을 비쭉이며 울었다. 생일에 받을 수 있다는 말을 알아듣긴 했지만, 그래도 굴착기가 너무나 갖고 싶어서 그렇게 우는 것이었다.

옆에서 지켜보던 나는 아들을 안아주며 마음이 무거웠다. 한편으로 생각했다. '아, 이게 바로 기도구나!' 두 돌도 안 된 어린 것이 이렇게 안타깝게 갖고 싶은 것이 있는데, 그 부탁을 안 들어주면 낳아준 애비가 아닐 거라고 생각했다. 그래서 생일도 되기 전에 함께 가서 굴착기를 사주었다.

우리가 하는 기도의 한 가지 정의는 이렇게 자식이 아버지에게 간절하고 안타까운 심정으로 달라고 하듯이 하나님에게 부탁하는 것이다. "너희 중에 누가 아들이 떡을 달라 하는데 돌을 주며 생선을 달라 하는데 뱀을 줄 사람이 있겠느냐"(마 7:9-10)라는 예수님의 말씀을 근거로 하나님에게 우리의 간절한 기도를 드리면 우리의 그 안타까운 마음을 주님이 아신다.

이렇게 고통이 있을 때 기도해야 한다는 것은 우리가 잘 알고 있다. 하지만 이렇게 기도만 하는 것으로 끝나서는 안 된다. 기도하고 돌아간 후 한나는 남편과 동침했다(삼상 1:19). 아들을 주시면 하나님에게 드리겠다고 기도한 후 한나가 남편과 동침했다는 기록은 중요하다. 상상해 본다. 아마도 남편보다 한나가 더욱 적극적으로 애쓰는 밤을 보냈을 것이다. 아이를 잉태하기 위해 어떻게 남편과 관계를 가지면 좋은지 시앗인 브닌나에게 물어보았을지도 모른다. 그만큼 적극적이고 안타까운 마음으로 한나는 하나님이 주실 아이를 낳기 위해 애썼을 것이 틀림없다. 그녀가 바로 고통 중에 기도한 사람이고, 그 기도를 하나님이 들어주실 것을 믿은 사람이기 때문이다.

기도만 하고 행하지 않는 사람들이 많다. 그런데 진정 하나님과 함께하는 사람은 기도하면서 행동한다. 기도하면서 하나님이 주시는 위로를 얻고, 기도하면서 얻은 지혜로 적극적으로 행동한다. 결국 한나는 아들을 낳아 사무엘이라고 이름 지어 하나님이 주신 기도의 응답임을 선언했다(삼상 1:20). 서원했던 대로 아들 사무엘을 어린 시절부터 성막에서 시중들게 했고, 그 후 하나님의 돌아보심으로 다섯 자녀를 더 낳았다(삼상 2:21).

요셉도 틀림없이 고통스러운 감옥생활에서 한나처럼 기도하며 하나님과 교제했을 것이다. 그래서 하나님이 주시는 위로와 능력을 가지고 생활했을 것이다. 그가 관원장들의 꿈을 해석할 때도 해석은 하나님에게 있다면서 하나님을 분명하게 앞세우는 모습을 봐도(창 40:8) 우리는 요셉이 감옥에서 하나님과 친밀하게 교제하는 삶을 살았다는 사실을 알 수 있다. 기도하면서 말씀을 기억하고 묵상하는 경건생활을 유지했을 것이다.

이렇게 기도하면서 하나님과 교제하던 요셉은 결국 감옥에서도 성실성과 탁월함을 인정받아 감옥 안의 모든 일을 맡아하는 일종의 책임자가 되었다. 스티븐 코비 박사가 「성공하는 사람들의 일곱 가지 습관」에서 첫 원리로 말하는 것이 주도적인(proactive) 사람이 되는 것인데, 요셉이 바로 그렇게 주도적으로 조직의 분위기를 이끌어간 사람이었다. 어떤 직장, 혹은 부서에는 일의 주도권을 쥐는 사람들이 있다. 그런 사람들은 환경이 다 마련된 상황에서 그렇게 일이 잘 풀려나가는 것이 아니라 대부분 어려움을 극복하기 위해 특별하게 노력하는 사람들이다. 요셉과 같은 사람은 지위가 높았던 것도 아니고, 여건이 좋았던 것도 아니지만 그의 삶의 현장에서 하나님이 함께하심을 분명하게 보여주어 성공할 수 있었던 사람이다.

명작 「실락원」을 쓴 존 밀턴은 42세에 한쪽 눈을 실명했다. 2년 후 남은 눈마저 시력을 잃었다. 그리고 사랑하는 아내조차 세상을 떠났다. 도대체 그의 인생에 왜 그렇게 암담한 일만 생기는지 그는 절망할 수밖에 없었다. 그러나 밀턴은 굴하지 않고 딸에게 받아쓰게 하여 계속 글을 썼고, 오늘 우리가 보는 명작 「실락원」이 탄생했다. 그가 겪은 고통이 오히려 위대한 문학 작품을 낳는 계기가 되었음을 알 수 있다.

더욱 고통스러워도 기다려야 한다

인생을 살아갈 때 인생길이 열리지 않아 고민할 수 있다. 그러나 어렵고 위험한 상황에서 도망치는 것은 크리스천의 자세가 아니다. 하나님의 인도하심은 우리가 인생에 대해 스스로 깨닫는 이해도를 훨씬 넘어서기 때문이다. 그 인도하심을 하나님의 '섭리'라고 말한다. 살아가면서 하나님의 섭리와 경륜을 모두 깨닫는 사람은 없다. 시간이 흐르면서 하나님의 섭리가 느껴지고 깨달아진다. 인생을 치열하게 살아가는 동안에는 너무도 그 여정이 멀고 고단하게 느껴질 수 있다.

감옥에서 적응하고 인정받으면서 그곳에서도 일이 익숙해졌을 무렵 요셉에게는 또 한 번의 극심한 고통이 기다리고 있었다. 술 맡은 관원장의 꿈을 해석해준 후 자신의 구명을 위해 애써줄 것을 부탁했지만 기약 없이 그저 기다리고 있어야만 했다. 자그마치 만 2년 동안이나 술 맡은 관원장은 어떤 좋은 소식도 알려오지 않았다. 또 한 번 요셉은 배신감과 상실감으로 치를 떨어야 했다.

그런데 기다려야 한다. 하나님이 계획하신 때까지 기다려야 한다. 기다리는 동안에는 답답하고 억울할 수 있으나 나중에 보상받을 수 있다. 요셉은 술 맡은 관원장의 약속 후 만 2년이 지났을 때 여전히 감옥에 있었다. 애굽의 바로가 꿈을 꾸었을 때 그 감옥에 있었기에 그는 바로의 꿈을 해석할 수 있었다. 기다렸더니 보상을 받은 것이다.

포로시대를 살았던 모르드개도 왕궁 문지기로 있으면서 페르시아의 아하수에로 왕에 대한 반역 모의를 신고해 왕의 목숨을 구하는 공을 세웠다. 그런데 궁중일기에까지 기록된 모르드개의 공에 대한 포상이 없었고, 더 이상 아무도 관심을 갖지 않았다(에 2:19-23). 8년의 시간이 흐른 후 어느 날 밤, 아하수에로 왕이 잠이 오지 않았다. 역대 일기를 가져오게 해서 읽게 하던 중 그 대목, 역모로부터 자신의 목숨을 구하게 한 모르드개의 이야기를 들었다. 그 일에 대한 보상이 없었던 것을 알게 된 왕은 늦었지만 모르드개를 존귀하게 높였다(에 6:1-14).

억울해도 기다리다 보면 늦더라도 보상이 주어진다. 그런데 아무리 기다려도 못 받으면 어떻게 하는가? 죽을 때까지 보상이 없다면 어떻게 하면 좋은가? 그래도 기대할 것이 있다. 천국상급이 있지 않은가? 우리가 이 세상에서 받을 상급을 다 받지 않고 남겨 두면 하나님은 그것을 천국에서 보상해주신다. 예수님이 책망하신 바리새인들처럼 이 세상에서 사람들의 칭찬만 추구하면서 살면 자기의 상(賞)을 이미 다 받은 것이다(마 6:2,5,16). 천국에서 받을 수 있는 상급이 더 이상 없다는 뜻이다. 그래서 기다림은 우리에게 필요한 미덕이다.

아름다운 보석을 몸속에 담아내는 진주조개의 비밀을 아는가? 진주는 조개 안에 모래알 같은 이물질이 들어왔을 때의 생리작용으로 생겨난다. 조개가 이물질을 몸 밖으로 배출하려고 노력해도 안 될 때 조개는 그 이물질이 살을 상하지 않도록 감싸기 위해 계속 체액을 분비하며 돌린다. 그리고 그 체액이 단단한 껍질을 이루며 커지게 된다. 고통을 아름다움으로 승화시키는 것이다. 그런데 모래알이 살을 파고 들어왔을 때 조개가 체액을 분비하며 굴리는 수고를 하지 않으면 어떻게 될까? 그러면 조개는 병들어 죽고 만다. 고통에 저항하는 인내가 진주조개의 몸속에 아름다운 보석을 만든 것이다.

일하는 직장인들도 일터에서 고통의 순간을 겪는다. 일을 하다가 실패하기도 하고, 승진에 누락되고 좌천의 경험을 하기도 한다. 시련이 계속되고 불평이 쏟아져 나올 때도 있다. 그때 고통을 대하는 남다른 자세가 필요하다. 예수 그리스도께서 고통 받으신 열정을 기억하면서 우리 나름의 대응법을 살펴볼 수 있다.

김용전 작가는 「직장신공」이라는 책에서 좌천과 실패와 좌절의 순간에 일종의 역발상을 해보라고 권한다. 첫째, 다양한 경험을 할 기회로 받아들이라는 것이다. 더 높은 자리에 올라갈 목표가 있다면 낮은 곳, 힘든 곳, 힘없는 곳도 경험해봐야 한다는 것이다. 고통은 틀림없이 부정적인 요인이지만, 그곳에서 긍정적인 부분을 애써서 발견해보는 삶의 자세가 중요하다. 이런 긍정의 정신으로 생각의 반전을 꾀해보는 것이다.

둘째, 자신에게 닥친 고통을 반전과 부활의 전설을 만드는 기회로 삼으라는 것이다. 밋밋하게 잘 나가다가 성공하는 것은 전설이 될 수 없다. 반전과 역전의 드라마와 스포츠 경기가 재미있듯이 멋지게 부활하여 전설을 만들 기회를 모색하라는 것이다. 일터에서 겪는 고통에 대해서도 이런 역발상이 필요하다(해냄출판사 펴냄, 201-202쪽).

결국 어떤 사람이 상을 받는가? 잠언 기자가 말한다. "소망이 더디 이루어지면 그것이 마음을 상하게 하거니와 소원이 이루어지는 것은 곧 생명 나무니라. 말씀을 멸시하는 자는 자기에게 패망을 이루고 계명을 두려워하는 자는 상을 받느니라"(잠 13:12-13). 하나님의 말씀을 두려워하는 성도가 상을 받는다. 말씀이 이끄는 대로 가고 말씀대로 살아가던 요셉은 결국 그 고통의 기간에 착실한 '내공'을 쌓았다. 하나님은 요셉의 인생을 말씀으로 단련시키면서 의미 있는 경험을 하게 하셨다.

보디발의 집은 그래도 일반 사회이고, 보통 사람들이 살아가는 곳이었다. 그런데 감옥은 특수사회 아닌가? 밑바닥 인생들의 삶터이고, 특히 그 감옥은 고위 정치인들이 죄를 지어 들어오는 곳이었다. 그러니 요셉이 정치가로 성장하게 될 토양이 마련된 곳이기도 했다. 요셉은 그곳에서 생활하며 인생의 내공을 쌓아갔고, 결국 하나님이 세우시는 자리에서 하나님의 비전을 성취했다.

C·H·A·P·T·E·R·7

절대 낙심 말고
하나님의 꿈을 붙잡으라

지상최대의 탈옥 사건, 요셉의 감옥 대탈출
평생직장이 아니라 평생직업 설계를 위하여
갈 때 가더라도 지금 있는 곳에서 최선을
내공을 쌓으니 감옥생활도 버릴 것이 없다

* * * * *

애굽에서 노예생활을 하던 요셉이 편한 생활을 한 것은 결코 아니었겠지만, 주인 아내의 모함으로 투옥된 일은 청천벽력 같은 일이었다. 요셉과 같이 억울한 수감생활을 한다면 보통 사람들은 그저 자포자기하여 망가지고 말 것이다. 하지만 요셉은 감옥에서도 절대 꿈을 잃지 않았다. 감옥생활을 하고 있었지만 하나님이 자신에게 주신 비전을 확신하고 있었다. 이런 확신이 있었기에 요셉은 감옥에서도 기도하며 참아낼 수 있었고, 결국 하나님이 허락하신 때에 기회를 잡을 수 있었다.

요셉에게 있어서 감옥생활은 그의 인생에서 어떤 특별한 의미가 있었을까? 요셉이 감옥에서 겪었던 모든 일이 그의 인생에 어떤 도움이 되었는가? 요셉이 나중에 애굽의 왕 바로에게 불려가 일약 애굽 제국의 총리대신이 되었을 때 감옥생활이 큰 도움이 되었던 것을 확인할 수 있다. 요셉이 만약 감옥에서 제대로 준비하지 못했다면 그는 총리가 되었어도 그 직을 제대로 수행하지 못했을 것이다. 또한 수십 년의 오랜 세월을 애굽에서 총리로 지내지도 못했을 것이다. 결국 요셉의 감옥생활은 그저 운 없게 빠진 수렁이 아니었다. 애굽의 총리로 일하게 될 요셉에게 꼭 필요한 과정이었다고 볼 수 있다.

지상최대의 탈옥 사건, 요셉의 감옥 대탈출

어떤 모임에서나 총무 역할을 하는 사람이 있어서 험한 일은 도맡아 하곤 하는데, 요셉은 타고난 총무였다. 아버지의 집에서 목동으로 있을 때에도 아무도 알아주지 않는 '스스로 총무'여서 형들의 잘못을 아버지에게 일러바쳐 집안의 돈이 밖으로 새는 것을 막았다. 또 보디발의 집에서도 가정총무로 임명받아 그 집안 살림을 모두 책임졌다. 그런데 요셉이 주인의 아내 강간 미수범으로 투옥된 후에는 '감옥총무'가 되었다. 그의 윗사람들이 그랬던 것처럼 감옥에서도 간수장이 감옥 안의 모든 일을 요셉에게 다 맡겼다고 한다. 이렇게 요셉이 감옥에서도 평소에 하던 대로 자신의 일을 해낸 것은 꿈을 잃지 않았음을 잘 보여준다.

감옥생활을 즐기면서 하는 사람이야 없겠지만 요셉은 감옥에서도 즐겁게 일했던 것 같다. 또한 요셉은 그 감옥을 벗어나고 싶었다. 아니, 즐기며 일하면서도 떠나고 싶을 수 있는가? 사실상 이 세상을 나그네로 살아야 하는 우리 크리스천들의 삶의 정체가 바로 그렇다. 이 세상에서는 즐겁게 지내면서도 머물러 안주하는 것이 아니라 떠나야 하는 곳임을 늘 잊지 말아야 한다. 이렇게 꿈을 잃지 않은 요셉의 감옥생활을 잘 보여주는 한 가지 에피소드가 있다.

요셉은 바로의 관원장들이 감옥에 들어왔을 때 그들을 섬기라는 지시를 받았다. 어느 날 아침 요셉은 관원장들의 얼굴에 근심의 빛이 있는 것까지 살폈다(창 40:6-7). 사실 그것은 지나친 친절이었다. 그 고관 죄수들을 섬기라는 명령을 받았다면 그저 잠자리나 봐주고 끼니 때 식사할 수 있도록 챙겨주면 되었을 것이다. 그렇게 시키는 일만 잘하면 되었을 것이다. 그런데 아침에 일어나서 그들이 얼굴에 근심하는 표정을 짓는 모습까지 살피고 말을 걸 필요는 없었다. 무슨 일이냐고 물어봐야 심부름이나 더 시켜 힘들지 않았겠는가? 그런데도 요셉이 그들의 얼굴 표정에 주목한 것, 이것이 바로 주인의식이었다.

요셉이 걱정해준 관원장들을 성경은 이렇게 묘사하고 있다. "주인의 집에 자기와 함께 갇힌 바로의 신하들"(창 40:7). 긴 표현을 사용하고 있는데 무슨 뜻인가? 그 관원장들이 비록 애굽의 전직 고관들이긴 했지만 그 감옥 안에서는 요셉과 같은 죄수 신

세였다는 말이다. 그러니 요셉이 그렇게 과잉 친절을 베풀 필요가 없었던 것이다.

그러면 요셉은 그 감옥을 평생직장이겠거니 생각하면서 안주했던가? 아니다. 결코 요셉은 그 감옥 안에 계속 머물고 싶었던 것은 아니다. 그곳을 떠나고 싶었다. 술 맡은 관원장의 꿈을 해석하고 나서 요셉은 곧바로 그에게 말했다. "당신이 잘 되시거든 나를 생각하고 내게 은혜를 베풀어서 내 사정을 바로에게 아뢰어 이 집에서 나를 건져주소서. 나는 히브리 땅에서 끌려온 자요 여기서도 옥에 갇힐 일은 행하지 아니하였나이다"(창 40:14-15). 요셉은 자신의 무죄를 주장하면서 그 관원장에게 일종의 '청탁'을 했던 것이다. 얼마나 감옥에서 벗어나고 싶었는지 요셉의 부탁 속에 담긴 절절한 표현이 그대로 느껴진다. 물에 빠진 사람이 지푸라기라도 잡는 심정으로 자신의 석방을 청탁하고 있다.

왜 안 그랬겠는가? 요셉은 그 감옥에서 하루빨리 벗어나고 싶었다. 그래야 꿈을 이룰 수 있었다. 감옥 일의 책임을 맡아 성실하게 감당하고 있지만, 그 일이 하나님이 보여주신 그의 비전은 아니라는 것을 그도 알고 있었다. 그래서 요셉은 그런 자유정신을 술 맡은 관원장에게도 심어주면서 그를 통해 자신의 탈출도 모색했던 것이다. 그에게 꿈이 있었기 때문이다.

하지만 요셉의 해몽대로 복직한 술 맡은 관원장이 전해오는 소식은 없었다. 요셉은 날마다 소식을 기다리며 전전긍긍했을 것이다. 하지만 하나님의 때를 알 수 없었던 것일 뿐, 요셉은 감옥에서도 절대 꿈을 포기하지 않았다. 시간은 좀 늦어졌지만 결국 요셉이 바라던 대로 술 맡은 관원장은 바로에게 이야기하여 요셉을 감옥에서 꺼내주었다. 요셉 자신이 원하던 때가 아니라 답답하긴 했지만, 요셉은 감옥에서 부름받은 날 결국 바로의 꿈을 해석했고, 다시는 감옥으로 들어갈 필요가 없었다.

평생직장이 아니라 평생직업 설계를 위하여

사실 직장인들이야 일 년에도 몇 번씩 '당장 사표 낸다!' 고 마음속으로 외치곤 한다. 하지만 비전이 없어 보이고, 연봉도 불만족스러우며, 함께 일하는 사람들도 마음에 들지 않거나 사이가 좋지 않을 때 직장인들은 구체적으로 이직을 꿈꾼다. 그러면 우리 크리스천들은 어떤 자세로 이직, 혹은 전직을 해야 하는가?

요즘 우리 사회는 이미 평생직장 개념이 사라졌고, 평생직업의 시대로 들어섰다. 인공지능의 등장과 4차 산업혁명의 시대로 돌입하면서 기존의 디지털 혁명에 기반을 두고 기술의 융합 시대에 들어섰다. 그래서 직업에 관해서도 새로운 패러다임이 정립되고 있다. 이제 직장인들도 '1인 기업가'로 자신의 직업을 스스로 설계하는 것이 당연하게 인식되고 있다. 동시에 두 가지 직업을 갖는 '투잡스'도 평생직업의 한 대안으로 떠오르고 있다. 자신이 만족할 만한 정규 직업을 갖지 못해 여러 직업을 가져야 하는 상황에 적응해야 하는 시대가 되었다.

이런 상황에서 크리스천 직업인들은 이직(移職)과 전직(轉職)에 대해 바람직한 시각으로 무장하여 대응해야 한다. 구약성경의 인물들을 보면 평생직장 개념을 가졌던 것이 아니다. 오히려 평생직업 시대를 살아야 하는 오늘 우리의 정체를 보여주고 있다.

모세를 보라. 모세는 애굽 왕 바로가 될 수 있는 후보인 '왕자'로 살다가 미디안 광야로 도망가서 '목자' 생활을 거친 후 이스라엘의 '지도자'가 되었다. 40년을 단위로 구체적인 세 가지 직업을 가지고 살았다. 다윗은 어땠는가? 가업인 목자의 직업을 처음에 가졌다. 이후 '목자 겸 왕의 악사'로 투잡스의 생활을 하다가 골리앗을 만나 승리한 후 일약 이스라엘의 '군대장관'이 되었다. 이후 천부장(군인)으로 강등되었다가 '망명객'을 거쳐 이스라엘의 '왕'이 되었다. 우리가 살펴보는 요셉도 어린 시절에 '목동'으로 지내다가 '노예'였다가, '죄수'로 지내다가 '애굽의 국무총리'가 되었다.

구약시대의 대표적인 세 직업인들에게서 이렇게도 분명한 평생직업 설계의 사례를 발견할 수 있다. 요즘 미국인들은 평생 평균적으로 4~5개의 직업을 가진다고 하는데, 위의 세 사람들이 바로 그런 모습을 보여주고 있다.

그런데 한 직장에서 떠나야 할 때 떠나더라도 반드시 생각해야 할 것이 있다. 세상 사람들과 같이 직장을 옮기는 첫 번째 조건을 연봉으로 결정한다면 우리 크리스천들은 너무 비참해진다. 끝없이 돈만 따라 가다가 인생을 끝내면 너무나 허무하지 않겠는가? 직장을 옮겨가거나 업종을 바꾸어 새로운 일을 할 때 무엇을 가장 중요하게 생각해야 할까?

요셉은 감옥생활이 지긋지긋했지만 그곳에서도 자신이 맡은 일에 최선을 다했다. 그리고 사람들과의 관계에 최선을 다했다. 이것이 결국 그의 비전을 이루는 계기가 되었다. 일을 잘하고 사람들과 관계를 잘 가지다 보니 결국 사람을 통해 그의 일하는 능력을 인정받아 애굽 왕 바로 앞에 설 수 있었다. 우리가 한 직장에서 다른 직장으로 옮겨가더라도 '일과 사람'이라는 이 두 부분을 잘 감당하면, 그것은 우리의 인생에서 큰 유익이 되는 이직이나 전직일 수 있다.

그러나 현실 속에서 많은 직장인들은 그렇지 못한 경우가 잦다. 전직을 결심하는 직장인들을 보면 겉으로는 다른 여러 가지 이유를 말하지만, 속내를 들어보면 인간관계의 갈등으로 인해 퇴사하는 경우가 잦다. 또한 직장을 옮길 생각이어서 일을 제대로 하지 못하는 사람도 종종 본다. 인수인계도 제대로 하지 않아 좋지 않은 뒷말을 듣는 사람도 있다. 평생직업의 시대를 사는 크리스천 직장인들은 전직을 해도 멋지게 해야 한다. 싫어서 도망치

듯 떠나는 직장이 아니라 비전과 계획에 따라 추억을 남기고 하나님이 이끌어가는 새로운 일터를 향해 파송받듯이 떠날 수 있어야 한다.

갈 때 가더라도 지금 있는 곳에서 최선을

자신이 일하는 일터에 대해서 불만이 많은 직장인들을 볼 수 있다. 현재의 일터는 생계가 막연하니 그저 울며 겨자 먹듯이 일하며 억지로 머문다. 혹은 다른 직장으로 옮겨가기 위한 '징검다리' 정도로 여기기도 한다. 현재는 그저 그렇지만 하나님이 자신을 적합하고 좋은 일터로 인도하시기만 하면 거기에 가서는 정말 멋지게 일을 제대로 잘할 것이라고 장담하기도 한다. 이런 생각을 가지고 있는 직장인들은 요셉에게 한 수 배워야 한다. "갈 때 가더라도 여기 있을 때는 최선을 다한다!"

요셉에게 왕의 신하들을 가두는 친위대장 보디발 집의 감옥은 당장 떠나고 싶은 일터였다. 그러나 그곳에 머무르는 동안 빈틈없이 최선을 다하는 멋진 모습을 보여주고 있다. 징검다리라고 할지라도 그저 대충 건너지 않았던 요셉은 두 관원장과 꿈에 관해 대화하면서 자신이 가지고 있는 희망을 구체적으로 보여주고 있다. 성실하게 두 사람의 표정을 살피면서 대화를 했는데, 술 맡은 관원장이 꿈에 대해 들었다. "내가 꿈에 보니 내 앞에 포도나무가 있는데 그 나무에 세 가지가 있고 싹이 나서 꽃이 피고 포도송이가 익었고 내 손에 바로의 잔이 있기로 내가 포도를 따서 그 즙을 바로의 잔에 짜서 그 잔을 바로의 손에 드렸노라"(창 40:9-11).

이 꿈에 대해서 요셉은 이렇게 해석을 제시한다. "세 가지(枝)는 사흘이라. 지금부터 사흘 안에 바로가 당신의 머리를 들고 당신의 전직(前職)을 회복시키리니 당신이 그 전에 술 맡은 자가 되었을 때에 하던 것같이 바로의 잔을 그의 손에 드리게 되리이다"(창 40:12-13). 요셉의 해석은 얼마나 단호하고 명쾌한가? 사흘 안에(포도나무의 세 가지) 예전의 직위를 회복할 것(포도즙을 바로의 잔에 드림)이라는 요셉의 해석을 듣고 보면 "나도 할 수 있었겠다!"는 말이 튀어나올 듯하다. 하지만 이 해석이 어디 책을 보거나 통계를 더듬어서 나올 수 있는 것인가? 하나님의 통찰적인 예지가 요셉에게 분명하게 역사하고 있었다.

그런데 가만히 생각해봐야 한다. 요셉도 어린 시절에 꿈을 통해 하나님이 주신 비전을 분명하게 가지고 있는 사람이었지만 자신의 꿈이 아직 이루어지지 않았다. 아니, 그렇게 표현할 수 없다. 높은 지위에 올라 뭇사람의 존경을 받는다는 그의 꿈과는 정반대의 상황에 처해 감옥 안에서도 사람들의 시중을 들고 있었다. 인생의 가장 밑바닥인 감옥에서도 쉴 틈 없이 일하고 있지 않은가? 그렇게 자신의 꿈은 전혀 반대 방향으로 끝없이 치닫고 있는데도 요셉은 단호하게 술 맡은 관원장의 꿈을 해석했다.

이런 해석의 능력을 요셉이 어떻게 발휘할 수 있었겠는가? 물론 하나님이 주신 은사이지만 요셉은 꿈을 부여잡고 있는 사람이었기 때문이다. 그는 감옥에 있었고, 자기가 꾼 꿈과는 전혀 다른 삶을 살고 있었지만 여전히 하나님이 주신 자신의 꿈을 붙잡고 있었다. 하나님을 확신하며 그분과 동행하고 있었다. 무엇으로 그 사실을 확인할 수 있는가? 요셉이 꿈 때문에 고민하는 두 관원장에게 이렇게 말한다. "해석은 하나님께 있지 아니하니이까. 청하건대 내게 이르소서"(창 40:8).

성경에 기록은 없지만 관원장들의 꿈에 대하여 들은 후 요셉은 하나님에게 기도해서 해석을 가르침 받았을 수도 있다. 혹은 하나님의 지혜로 즉각적인 통찰력을 발휘해 들으면서 바로 통역하듯이 말했을 수도 있다. 여하튼 요셉이 관원장들의 꿈에 대한 해석을 분명히 알았다면 자신의 꿈에 대한 해석도 알고 있었다는 뜻이 아닌가? 요셉은 자신의 꿈이 어떻게 이루어질 것인지 하나님이 알려주시는 만큼은 분명히 알고 있었다. 하나님이 요셉에게 주신 비전이 요셉을 감옥에서 지켜주었다. 요셉은 하나님이 주신 꿈이라는 희망을 부여잡고 힘든 감옥생활을 계속할 수 있었던 것이다.

그렇다고 미래에 대한 희망이 모든 사람에게 긍정적인 만병통치약이 되는 것은 아니다. 떡 굽는 관원장의 경우는 술 맡은 관원장과 꿈의 내용이 달랐다. "떡 굽는 관원장이 그 해석이 좋은 것을 보고 요셉에게 이르되 나도 꿈에 보니 흰 떡 세 광주리가 내 머리에 있고 맨 윗광주리에 바로를 위하여 만든 각종 구운 음식이 있는데 새들이 내 머리의 광주리에서 그것을 먹더라"(창 40:16-17).

세 개의 떡 광주리, 바로를 위해 준비한 음식은 비슷한 점이 있었으나 떡 굽는 관원장의 꿈은 술 맡은 관원장의 꿈과는 정반대의 해석이 나왔다. "세 광주리는 사흘이라. 지금부터 사흘 안에 바로가 당신의 머리를 들고 당신을 나무에 달리니 새들이 당신의 고기를 뜯어 먹으리이다"(창 40:18-19). 역시 이번에도 요셉은 단호하고 명쾌했다. 그런데 요셉이 거리끼지 않고 할 말을 다 하는 모습을 보면서 우리는 죽음을 고지당하는 사람의 마음의 충격을 배려하지 못한 직설화법을 탓할 수도 있다.

하지만 그것보다 더 중요한 것은 요셉이 사탕발림으로 거짓을 말하는 것이 아니라 진실을 말하고 있다는 점이다. 기분 나쁜 해몽이라고 떡 굽는 관원장이 요셉에게 험하고 격한 반응을 보였을지도 모른다. 하지만 살 수 있는 날이 사흘밖에 남지 않았으니 진실을 말해주어야 떡 굽는 관원장이 인생의 마지막 순간을 정리할 수 있지 않았겠는가? 어떤 것이 세상을 떠나가는 사람을 위한 참된 배려인가 생각해보면 요셉의 속 깊은 정직함을 이해할 수 있다.

내공을 쌓으니 감옥생활도 버릴 것이 없다

그러면 이렇게 희망적인 요셉의 감옥생활에는 어떤 깊은 뜻이 담겨 있는가? 요셉은 감옥에서 희망을 배우며 어떤 실제적인 유익을 얻을 수 있었을까? 요셉의 감옥생활은 꽤 오랜 기간이었다. 술 맡은 관원장이 석방되고 나서 요셉의 부탁을 까맣게 잊고 지냈던 2년의 기간을 포함하고(창 40:23-41:1), 요셉이 감옥에서도 인정받기까지 고통의 세월을 보냈을 기간을 합한다면 적어도 3년은 되었을 것으로 보인다. 그렇다면 그 기간이 요셉의 인생에서 어떤 의미가 있는 것일까? 젊은 날, 인생에서 중요한 시기에 허송세월을 보낸 것은 아니었을까?

요셉의 감옥생활, 더 멀리 보면 종으로 지낸 생활은 요셉이 뒷날 애굽과 세계를 다스릴 수 있는 능력을 함양한 '지도자 수업' 기간이었다. 우선 요셉은 종살이와 옥살이를 통해 영적으로 훈련을 받았다. 시편 105편에 보면 하나님의 말씀이 응할 때까지 말씀이 요셉을 단련시켰다고 한다. "그의 발은 차꼬를 차고 그의 몸은 쇠사슬에 매였으니 곧 여호와의 말씀이 응할 때까지라. 그의 말씀이 그를 단련하였도다"(시 105:18-19). 이렇게 고통의 시절을 통해 요셉은 훈련을 받았다.

또한 요셉의 감옥생활은 실제적인 업무를 배우는 기회였다. 감옥의 모든 일을 다 맡아 했던 것을 보면 인사관리나 재무관리, 행정업무 등을 배웠을 것이다. 또한 과거에 종살이를 할 때 노예들의 노동력을 활용해 곡물을 생산하고 창고에 보관하는 일, 그것을 적당하게 유통하고 판매하는 일 등 폭넓은 산업분야에서 비즈니스 전반에 대해 착실하게 배우는 기회를 얻었을 것이다.

또한 요셉의 감옥생활은 나중에 궁궐에서 함께 일할 고위 관리나 공무원들을 미리 접촉하는 인맥 관리의 기회가 되기도 했다. 요셉이 갇힌 감옥은 잡범들이 갇히는 곳이 아니라 왕에게 반역하거나 죄를 범한 고위 관리들이 수감되는 곳이었다. 그중에 일부는 떡 굽는 관원장처럼 처형되었고, 일부는 술 맡은 관원장처럼 복직되었다. 나중에 총리에 오른 요셉은 이미 감옥에서 알고 지냈던 구면의 사람들을 여럿 만났을 것이다. 요셉은 감옥 안에서도 그들을 통해 애굽 궁궐에서 벌어지는 일에 대한 사전 지식을 상당히 얻을 수 있었다. 이런 지도자 수업을 요셉이 다른 어떤 곳에서 할 수 있었겠는가? 감옥생활이 바로 요셉의 경영학 석사과정(MBA)이었다고 말할 수 있다.

아울러 요셉은 술 맡은 관원장이 석방시켜주겠다고 약속한 후 2년 동안이나 까맣게 잊어버리는 배신을 경험했다. 과거에 형들에게 버림받았던 것과 같은 깊은 상처였을 것이다. 그런데 이렇게 거절당한 경험은 한 사람의 인격적인 성숙에 매우 좋은 약이 될 수 있었다. 이렇게 배신을 경험한 일을 통해 요셉은 나중에 애굽의 정치현장에서 겪을 권모술수를 견뎌낼 힘을 얻었을 것이다. 이방인으로서 서른 살의 나이에 총리에 오른 요셉이 감당해야 할 정치적인 부담은 만만치 않았다. 그런 부담을 이겨낼 수 있는 내공을 요셉은 감옥 안에서 배신당해 보면서, 마냥 주저앉아 기다려 보면서 쌓아갈 수 있었다.

오늘 우리의 삶이 비록 고통스럽더라도 끝까지 견딜 만한 가치가 있다. 우리는 일터를 교도소라고 비유하기도 하고 '입시지옥'이라고 하여 아예 공부하고 진학하는 과정을 지옥으로 비유하는 세상 속에서 살아간다. 하지만 하나님의 섭리는 고통스러울 때 더욱더 깊고 세밀하게 역사하기에 우리는 희망을 잃지 말아야 한다. 하나님이 주신 꿈이 실현될 것을 믿고 성실함과 배려와 진실함으로 대처한 요셉처럼 우리도 절대 낙심하지 말고 하나님의 꿈을 붙잡아야 하겠다.

C·H·A·P·T·E·R·8

세상의 번민을 풀어낼 적임자가 누구인가?

고난의 현장에서 우리와 늘 함께하시는 주님
세상을 향해 하나님의 깃발을 높이 올려라
꿈꾸는 사람이 꿈을 온전히 해석할 수 있다
하나님 나라의 의를 먼저 구하는 우선순위

＊　＊　＊　＊　＊

감옥에서 20대 후반의 젊은 날을 보내던 요셉의 고민거리는 무엇이었을까? 오늘 우리 시대 젊은이들의 고민과는 많이 달랐을까? 요셉의 고민에 대해 생각해보자. 술 맡은 관원장의 꿈 이야기를 듣고 요셉은 그가 석방되어 복직할 것이라고 해석해주었다. 그때 요셉은 좋은 해몽을 듣고 기뻐했을 관원장이 귀담아 듣지도 않았을 것 같은 어려운 부탁을 했다. 살아나가면 바로에게 자신의 억울함을 이야기해 감옥에서 구출해달라는 부탁이었다. 술 맡은 관원장은 흔쾌히 응했으나 실제로 부탁을 들어주기는 만만치 않았을 것이다. 더구나 보디발과 술 맡은 관원장이 바로의 신하들로 평소 잘 아는 사이였을 것이다. 그러니 기회가 있었더라도 술 맡은 관원장이 바로에게 보디발의 종이었던 요셉의 석방을 탄

원하기는 그리 쉽지 않았을 것 같다. 그래서인지 술 맡은 관원장은 요셉의 구명 청탁을 아예 잊어버렸다.

그렇게 한 달, 두 달 시간이 흘러갔다. 요셉의 절망도 점점 깊어졌을 것이다. 아마도 당시 20대 후반쯤 되어 서른 살을 바라보던 요셉은 요즘 우리 시대의 젊은이들이 주로 하는 고민을 했을 것 같다. '이렇게 계속 취업을 못하다가 내가 제대로 된 직장에 들어갈 수 있을 것인가?' '나이는 들어가는데 누구와 만나서 가정을 이룰 수 있을까? 결혼이나 제대로 할 수 있겠는가?' 인생을 설계할 때 두 가지 중요한 기둥은 직업과 결혼이다. 일터와 가정이야말로 요셉이나 오늘 우리 시대의 젊은이들, 나아가 세상을 사는 모든 사람의 중요한 고민거리가 아닐 수 없다.

고난의 현장에서 우리와 늘 함께하시는 주님

인생을 살아가다 보면 고민들이 생기게 마련이다. 고민은 꼬리에 꼬리를 물기도 한다. 결혼하기 위해서 많이 염려하고 고민하는데, 막상 결혼하면 고민이 없어지는가? 경험한 사람들은 알고 있듯이 새로운 고민들이 끊이지 않는다. 영성 신학자 게리 토마스가 「부모학교」에서 말하는 대로 결혼해서 아이들이 태어나면 육아문제로 고민이 늘어난다. 임신부터 시작해서 아이들이 자라날 때도 부모는 늘 두려움에 떨며 고민한다. 자식들이 자라나 성인이 되어 결혼까지 시켜서 한시름 놓았다 싶으면 그때는 손자손녀가 태어난다. 그렇게 걱정이 꼬리를 물어 그야말로 죽는 순간까지 끝이 없다. 부모의 걱정을 누가 말릴 수 있겠는가?

요즘 청년실업이 큰 사회문제여서 청년들이 직장을 구하려고 고민한다. 그런데 취업을 하면 고민이 없는가? 여전히 고민스러운 일들이 참으로 많다. 오히려 취업을 준비하면서 오직 한 목표만을 갖고 노력했던 시절을 그리워하는 신입사원들이 있다. 그렇게도 취업하고 싶었는데 막상 취업을 해서 일을 하다 보니 실적에 대한 압박이 심하고, 더 이상 공부는 안 할 줄 알았는데 배울 것은 왜 그렇게 많고 시험도 봐야 하니 죽겠다고 하소연하는 것이다. 미래에 대한 두려움 또한 끊이지 않는 것이 직장인들의 고민거리다.

예수님을 믿지 않는 사람들은 고민하는 것이 당연할지 모르는데, 왜 예수님을 믿는데도 고민하는지 모르겠다고 질문할 수 있다. 예수 그리스도께서 모든 고민을 해결하시지 않았는가 말이다. 그런데도 크리스천들이 고민하는 이유를 빌립보서 1장 29절에서 사도 바울이 명쾌하게 말해준다. "그리스도를 위하여 너희에게 은혜를 주신 것은 다만 그를 믿을 뿐 아니라 또한 그를 위하여 고난도 받게 하려 하심이라." 믿음으로 구원받는 은혜가 우리 크리스천들에게 주어진 것은 매우 감사한 일이다. 그런데 은혜와 함께 고난도 받게 하신다고 분명하게 언급하고 있다.

따라서 예수님을 믿는 사람들에게 고난이 있는 것은 지극히 정상이다. 아니, 오히려 예수님을 믿으면 더욱 힘들어진다. 그리스도인의 정체는 언제나 기쁨이 넘쳐 찬양하고 늘 웃으며 살려고 노력하는 것이어야 한다. 그러나 그것은 우리가 예수 그리스도로 인해 바뀐 존재와 우리의 정체성을 표현하는 것이고, 우리 삶의 현실이 늘 그렇게 붕 떠 있는 삶을 산다는 뜻은 아니다.

예수님을 믿겠다고 결심한 다음 날 아침에 잠자리에서 일어나면 고민이 시작되는 것이 엄연한 현실이다. 예수님을 믿지 않는 사람들은 그저 아무런 고민 없이 하는 일들도 크리스천이기에 마음대로 할 수 없어 고민스럽다. 믿음이 깊어지면 더욱 고민이 많아질 수밖에 없다. 일터에서도 관행이라는 이름의 비리와 부정이 얼마나 많은가? 이런 일에 대해서 크리스천들은 당연히 고민하게 된다. 그러니 어쩌면 우리 크리스천들이 넌크리스천들보다 더 고민이 많은 것이 당연하다. 만약 고민이 없다면 오히려 문제의식이 없는 것이다.

예수님도 고난에 대해 산상수훈에서 분명하게 언급하셨다. "의를 위하여 박해를 받은 자는 복이 있나니 천국이 그들의 것임이라. 나로 말미암아 너희를 욕하고 박해하고 거짓으로 너희를 거슬러 모든 악한 말을 할 때에는 너희에게 복이 있나니 기뻐하고 즐거워하라. 하늘에서 너희의 상이 큼이라. 너희 전에 있던 선지자들도 이같이 박해하였느니라"(마 5:10 12). 예수님이 강조하신 천국의 윤리에 따르면 고난받는 것이 복이다.

이런 예수님의 가르침을 받은 사람들이 세상에서 겪는 고난의 유익을 말한다. 히브리서 기자는 우리가 사생아가 아니기에 우리의 인생에 징계가 있고 고통이 있다고 한다(히 12:1-12). 이런 고난을 겪을 때 우리는 당연히 고민하게 된다. 사도 베드로도 종들이 주인에게 겪는 고통에 대해 말하면서 그런 어려움은 당연하다고 강조한다(벧전 2:19-21). 히브리서 기자나 베드로나 공히 그런 고민거리가 있을 때 예수 그리스도를 바라보고(히 12:2), 예수님의 십자가 고난을 모범으로 삼아(벧전 2:21) 극복해야 한다고 권면하고 있다.

우리의 고난에 대해서 꼭 이해해야 할 것이 있다. 예수님은 우리가 주의 이름 때문에 고난받는 현장에 늘 함께하신다. 고통받을 때 우리는 혼자가 아니다. 잘 알려진 '모래 위의 발자국 이야기' 처럼 고통당하는 그 순간에 예수님은 우리와 더욱 밀접하게 함께하신다. 그 시절의 발자국이 하나밖에 보이지 않아서 잘 느끼지 못하지만 고통받는 순간이야 말로 예수님이 우리를 특별하게 돌보시는 때이다. 우리를 업고 가시기에 발자국이 하나밖에 없는 것이다.

이 사실을 분명하게 체험하고 증거한 사람이 바로 사도 바울이다. 예수님을 따르는 사람들을 잡아 죽이러 다메섹으로 가던 사울에게 나타나신 예수님이 이렇게 말씀하셨다. "사울아 사울아 네가 어찌하여 나를 박해하느냐"(행 9:4). 이 말씀을 헬라어 원문의 시제를 살려 번역하면 "사울아 사울아 네가 왜 (지금) 나를 박해하고 있느냐?"이다. 그런데 사울은 그 시간에 '예수님'을 박해하는 것이 아니었다. 과거부터 그때까지 '예수를 따르는 성도들'을 박해해왔던 것이다. 그러니 예수님의 이 질문은 성도들이 고통받는 현장에 예수님이 친히 함께하신다는 뜻이다. 성도들이 고통받을 때 예수님도 친히 아픔을 겪으신다. 우리 예수님은 그분으로 인해 박해받는 성도들의 고통을 절대 외면하신 적이 없다.

그러니 고통스러운 순간에 예수님 없이 혼자 고통을 감당한다고 생각하면 지혜롭지 못하다. 그래서 우리는 어떤 고난도 이겨낼 수 있는 것이다. 우리 크리스천들이 세상에서 생명의 위협을 당하고 살기등등한 분위기 속에서 살더라도 두려워하지 않을 이유가 있다. "내가 사망의 음침한 골짜기로 다닐지라도 해를 두려워하지 않을 것은 주께서 나와 함께 하심이라. 주의 지팡이와 막대기가 나를 안위하시나이다"(시 23:4).

세상을 향해 하나님의 깃발을 높이 올려라

인생을 사는 것은 고민 그 자체이고, 우리 크리스천들이 고민하는 것도 정상이다. 그런데 시대적인 고민을 하는 사람들도 있다. 애굽의 왕 바로가 그런 사람들 중 하나였다. 그는 예사롭지 않은 꿈을 꾼 후 마음이 번민했다고 성경은 기록한다 (창 41:8). 큰 나라를 통치하는 지도자, 많은 사람들의 복지를 책임진 치리자에게 고민이 많은 것은 당연해 보인다. 당시 애굽은 세계 최강제국이었으니 그 제국의 앞날에 대한 고민은 곧 세계에 대한 번민과 일치했다. 시대의 앞날을 내다보면서 애굽의 치리자 바로는 마음이 괴로웠던 것이다. '세계적인 고민, 시대적인 번민'이라고 말할 수 있을 것이다. 요셉에게 주어진 사명은 애굽 왕 바로의 번민을 풀어내는 것이었다. 과연 요셉은 어떻게 그런 심각한 번민을 풀어냈을까?

우선 요셉은 세상 사람들이 떠들썩하게 고민할 때 그 고민을 해결할 능력을 가진 사람으로 떠올려졌다는 점을 우리는 기억해야 한다. 애굽의 왕 바로가 꾼 흉한 꿈은 나일 강가에서 살진 암소 일곱 마리가 흉측하게 마른 소 일곱 마리에게 잡아먹히고, 한 줄기에 난 무성한 일곱 이삭이 죽정이같이 마른 이삭들에게 잡아먹히는 내용이었다. 두 번이나 그런 꿈을 꾸자 애굽 왕 바로는 긴장했다. 그래서 애굽의 모든 점술가와 현인을 불러서 해석하게 했는데 그 꿈의 의미를 아는 사람이 아무도 없었다. 해몽을 전문으로 하는 사람들이 어떻게 하나같이 꿈을 풀어내지 못한단 말인가!

그렇게 답답한 지경에 처했을 때 2년 동안 요셉을 잊고 있던 술 맡은 관원장의 뇌리에 퍼뜩 스치는 사람이 바로 요셉이었다. 이 사실이 중요하다. 요셉은 세상이 고민거리로 답답할 때 그 문제를 풀어낼 능력을 가진 사람으로 기억되었다. 사실 따지고 보면 바로의 꿈 이야기를 듣고 '7년 풍년과 7년 흉년'이라고 해석하는 것은 꿈의 해석을 막 배운 사람도 할 수 있는 것처럼 보인다. 그런데도 애굽의 현인과 해몽 전문가들이 알지 못한 것은 하나님이 그들의 해석을 막으셨기 때문임이 분명하다. 예수님이 계시에 대해 말씀하신 대로 "지혜롭고 슬기 있는 자들에게는 숨기시고 어린아이들에게는 나타내신 일"이다(마 11:25). 애굽 궁궐에 즐비했던 전문 해몽가들은 몰랐으나 하나님의 사람 요셉은 알고 있었다.

하나님의 나라를 위해서 일하는 사람은 어떤 사람인가? 시대적인 번민, 아무도 해결할 수 없는 고민이 있을 때 그 문제를 해결해달라는 요청을 받는 사람이다. 고민되면 생각나는 사람이다. 비가 오면 생각나는 사람만 있는 것이 아니다. 고민되면 생각나는 사람이 있다. 당신은 누구에게 고민을 해결해달라는 부탁을 받는가? 만약 그렇다면 가능성이 있는 것이다. 하나님의 나라를 위해서 준비된 사람이 뜨는 순간은 언제인가? 그 문제를 해결할 사람이 아무도 없을 때, 바로 그 사람이 생각나는 그 순간이다.

그런데 요셉이 이렇게 시대적인 번민의 해결사라고 인정받았을 때 그는 어디에 있었는가? 요셉은 감옥에 있었다. 아마도 요셉은 만 2년 동안 요셉이 해몽해주었던 사실을 잊고 약속을 지키지 않은 술 맡은 관원장을 원망했을 것이다. 그러나 요셉이 시대적인 번민을 풀어내고 세상에 나서기까지 그 만큼의 기간이 더 필요했던 것이다. 요셉이 마음 편하지 못하고 답답하게 여기며 지냈을 그 2년은 허송세월한 나날이 아니었다. 세상의 번민을 해결할 준비를 하고 있는 시간이었다.

우리의 오늘 하루가 이렇게 세상의 번민을 풀어내기 위한 준비 기간이다. 하루, 한 주, 한 달의 삶이 특별한 일도 없이 그냥 지나가는 것 같아 안타까운가? 물론 그렇게 안타까워하며 시간을 무의미하게 보내서는 안 된다. 하지만 오늘 비록 별다른 의미가 없어 보인다고 해도 그 하루는 세상의 고민을 풀어내기 위한 준비의 나날이다.

애굽 왕 바로의 부름을 받은 요셉은 바로의 꿈을 듣고는 정확하게 그 꿈을 판단하고 정리해냈다. 요셉의 해몽은 이랬다. "살진 암소나 충실한 이삭은 7년간의 풍년을 말하고, 바싹 마른 암소나 마른 이삭은 7년간의 흉년을 말한다. 풍년이 먼저 7년 계속될 것이지만 이후의 7년 흉년이 하도 극심해서 그 이전의 대단한 풍년을 다 잊어버리게 될 것이다. 이렇게 두 번 겹쳐서 바로가 꿈을 꾼 것은 하나님이 이미 결정하심을 보여준다."

그런데 요셉의 해몽은 해몽을 전문으로 하는 사람에게만 설득력이 있었던 것이 아니다. 거기에 있는 바로와 그의 신하들 중 누가 들어도 이해되는 이야기였다(창 41:37). 요셉의 이런 명쾌한 판단이 어떻게 가능했겠는가? 첫째, 하나님이 알려주셨기 때문이다. 요셉은 바로의 꿈을 해석하기에 앞서 바로가 그의 해몽 능력을 칭찬하자 이렇게 강조했다. "내가 아니라 하나님께서 바로에게 편안한 대답을 하시리이다"(창 41:16). 자기가 말하는 꿈의 해석은 바로 하나님의 능력 때문에 가능한 것이라고 요셉은 분명하게 못 박고 있다.

요셉이 애굽의 왕 바로 앞에서 이렇게 하나님을 언급하면서 '깃발'을 올리는 것은 대단한 용기를 보여준 것이다. 요셉은 수많은 신들을 섬기면서도 자신의 하룻밤 꿈도 해몽하지 못하는 바로의 코를 납작하게 해줄 말 펀치를 날린다. "바로의 꿈은 하나라. 하나님이 그가 하실 일을 바로에게 보이심이니이다"(창 41:25).

거기서 그치지 않고 또 한 번 "내가 바로에게 이르기를 하나님이 그가 하실 일을 바로에게 보이신다 함이 이것이라"(창 41:28)고 강한 훅을 던진 후 마지막으로 카운터펀치를 날렸다. "바로께서 꿈을 두 번 겹쳐 꾸신 것은 하나님이 이 일을 정하셨음이라. 하나님이 속히 행하시리니"(창 41:32). 처음부터 끝까지 다 하나님이 보여주신 일이고, 속히 행하실 것이며, 문제점도 다 해결해 주실 것이라고 말끝마다 하나님을 반복해서 언급하고 있다.

사실 요셉은 당시 애굽의 왕 바로가 어떤 존재인지 잘 알고 있었다. 애굽의 바로는 태양신 라(Ra)의 아들로서 신적인 존재이고, 그 많은 신들을 섬기는 일을 주관하는 신인(神人)이라고 할 수 있었다. 애굽 궁궐 가까이에서 고위 관리들을 모시고 지냈던 요셉은 그런 상식쯤은 알고 있었다. 그런데 요셉은 애굽 왕 바로에게 말하면서 하나님의 이름을 다섯 차례나 언급했다. 해몽은 자기가 하는 것이 아니라 하나님이 하시는 것이라고 확신 있게 말했다.

이렇게 세상을 향해 깃발을 올리기 위해서는 용기가 없으면 불가능하다. 요셉은 애굽 왕 앞에서도 그만큼 자신이 있었다. 세상이 번민하고 있었고, 하나님이 자신에게 그 번민을 해결할 능력을 주셨음을 알고 있었다. 세상도 자신의 능력을 필요로 함을 간파하고 있었다. 그런 자신감으로 요셉은 세계 최강제국의 치리자 앞에서도 용감하게 하나님을 믿는 사람의 깃발을 올릴 수 있었다. 능력과 더불어 용기를 가진 자가 이렇게 세계의 치리자 앞에서도 담대하게 하나님을 전하는 전도를 할 수 있다. 이만큼 효과적으로 세계 지도자 앞에서 하나님의 신성과 능력을 드러내며 전도할 수 있는 방법이 어디 있겠는가? 요셉이 애굽 궁궐에서 그 일을 해냈다.

꿈꾸는 사람이 꿈을 온전히 해석할 수 있다

바로의 꿈에 대해 요셉이 분명한 판단을 할 수 있었던 두 번째 이유는 요셉 자신이 꿈꾸는 사람이었기 때문이기도 하다. 바로는 비슷한 내용의 꿈을 두 번 꾸었다. 그런데 요셉도 어릴 때 바로와 비슷하게 미래에 대한 꿈을 두 번 꾸었다. 또한 요셉은 2년 전 술 맡은 관원장과 떡 굽는 관원장이 같은 날 밤에 꾼, 비슷한 내용의 꿈들을 해석한 경험이 있었다.

이렇게 경험을 해보았으니 요셉이 바로의 꿈을 해몽할 수 있지 않았을까? 자기가 겪어본 것을 해결하는 것이 겪어보지 못한 일을 하는 것보다 더 쉽다. 고민을 해결하는 사람은 누구인가? 고민을 해본 사람이고, 고민을 해결해본 사람이다. 어려운 문제를 풀어낼 수 있는 사람은 그 문제를 이미 풀어본 경험이 있는 사람일 가능성이 높다.

우리는 오늘 어떤 일을 하는가? 그 일을 잘하기 위해 노력하면 그 일과 관련된 이 시대의 고민을 해결할 능력을 가질 수 있다는 사실을 요셉을 통해 확인할 수 있다. 땀 흘리면 시세(時勢)를 제대로 판단할 수 있다. 오늘도 우리는 일을 하면서 이 세상의 고민에 집중해야 한다. 이 시대의 고민을 보라. 하나님도 안타까운 세상을 바라보며 고민하신다. 하나님의 아픔을 보라. 하나님의 고통을 직시하라. 이 세상의 시세를 판단하고 분석해서 하나님의 고민과 이 시대의 고민을 우리가 풀어낼 수 있어야 한다.

이렇게 요셉은 하나님이 주신 지혜를 통해 바로의 꿈의 내용을 파악했다. 나아가 요셉은 꿈의 해석뿐만 아니라 해결책까지 완벽하게 제시했다는 점에서 세계 지도자를 불안하게 하는 번민을 완벽히 해결해주었다. 그런데 해결책은 요셉이 요구받지 않은 일이었다. 요셉은 꿈의 내용에 대해서만 이야기하면 되었는데, 그 위기를 해결하는 방법까지 제시하고 있다(창 41:33-36). 7년 풍년과 이어지는 7년 흉년을 대비하는 멋진 기획안이었다. '7풍7흉 대비 서바이벌 프로젝트'라고 이름 붙일 수 있겠다!

이 기획안의 강조점이 무엇인가? 한마디로 말하면 사람을 잘 세우라는 것이었다. 명철하고 지혜 있는 사람을 택해 애굽 땅을 다스리게 하라고 했다. 감독관들을 선임해서 그들이 곡물을 거두고 저장하게 하라고 했다. 현대 경영학에서 인재의 중요성을 강조하고, 결국 경영은 사람 경영인 것을 이해하면 요셉의 제안은 위기상황을 해결할 적절한 방법이었음을 알 수 있다. 이런 이야기를 듣는 바로와 그 신하들은 어떻게 이해했을까? 책임 있고 능력 있는 관리들을 더 뽑기 위해서는 재정이 있어야 하는데, 풍년이 일곱 해나 계속될 것이기에 세금을 더 많이 걷을 수 있으니 가능하겠다고 생각했을 것이다. 요셉은 바로의 신하들도 충분히 수긍할 수 있는 실제적인 해결책을 제시했다.

그리고 구체적으로 풍년의 때 생산되는 곡물의 5분의 1을 수매하여 그것을 각 지역에 있는 거대한 창고에 저장하라고 했다. 그 일을 지방자치단체가 자율적으로 하는 것이 아니라 국가적인 사업으로("그 곡물을 바로의 손에 돌려"(창 41:35), "under the authority of Pharaoh." NIV) 진행하여 계획적으로 흉년을 예비하라고 제안했다. 아마 5분의 1이라는 수매량도 그간 요셉이

해왔던 다양한 일들을 통해 추론해낸 비율일 것이다. 이것이 지식이다. 요셉은 이런 구체적인 지식을 가지고 세계의 경제위기에 대응하는 탁월한 해결책을 제시할 수 있었다.

이런 지식은 하나님이 직접 요셉에게 계시로 알려주셨다고 생각할 수도 있다. 하지만 그때까지 요셉이 일을 하면서 쌓은 다양한 경험으로 인해 추론해낸 해결책이었다고 보는 것이 더욱 그럴듯하다. 요셉은 지금까지 그의 고향 집과 보디발의 집, 그리고 감옥에서 이런 종류의 일들을 많이 경험해서 지식을 축적하고 있었다. 요셉은 그동안 자기 집에 있을 때 농사도 짓고 목축도 해보았다. 보디발의 집에서도 농사를 짓고 곡식을 저장하고 유통하는 일을 해보았다. 요셉은 어느새 다양한 분야에서 하나님의 지혜를 가진 능력자가 되어 있었다.

이렇게 요셉이 꿈의 해석뿐만 아니라 해결책까지 완벽하게 제시할 수 있었던 것은 애굽 왕 바로의 번민이 무엇인지 제대로 파악했기 때문이다. 바로는 세계 정부의 수반답지 않게 두려워했다. 그가 요셉에게 자신이 꾸었던 꿈을 설명할 때 두려움으로 심한 번민을 드러내고 있었다. "그같이 흉한 것들은 애굽 땅에서 내가 아직 보지 못한 것이라. 그 파리하고 흉한 소가 처음의 일곱 살진 소를 먹었으며 먹었으나 먹은 듯 하지 아니하고 여전히 흉하더라"(창 41:19-21). 애굽 땅에서 본 적이 없는 흉한 소들이 살지고 아름다운 소들을 잡아먹었으나 표시도 나지 않고 여전히 흉악했다는 생생한 묘사는 바로가 얼마나 두려워 떨고 있었는지 잘 보여주고 있다. 바로는 흉년으로 인해 애굽이 망할 것을 염려하고 있었던 것이다.

요셉은 세계를 호령하는 제국 애굽의 치리자 바로의 그런 번민을 잘 파악하고 있었다. 그래서 그는 꿈을 해석하는 핵심부분에서 풍년에 대해서는 짧게 언급한다. "온 애굽 땅에 일곱 해 큰 풍년이 있겠고"(창 41:29). 그리고 흉년에 대해서는 길고 자세하게 설명한다. "후에 일곱 해 흉년이 들므로 애굽 땅에 있던 풍년을 다 잊어버리게 되고 이 땅이 그 기근으로 망하리니 후에 든 그 흉년이 너무 심하므로 이전 풍년을 이 땅에서 기억하지 못하게 되리이다"(창 41:30-31). 요셉은 바로의 고민하는 마음에 위로를 주는 것이 무엇인지 알고 있었다. "이와 같이 그 곡물을 이 땅에 저장하여 애굽 땅에 임할 일곱 해 흉년에 대비하시면 땅이 이 흉년으로 말미암아 망하지 아니하리이다"(창 41:36).

이런 요셉의 제안을 듣고 있던 바로와 신하들이 감동했고, 바로는 요셉을 애굽의 총리로 임명했다. 요셉은 자신을 총리로 자천한 것도 아니었다. 그런 암시도 하지 않았다. "명철하고 지혜 있는 사람을 택하여 애굽 땅을 다스리게"(창 41:33) 하시라고 하였는데, 바로가 요셉의 그 말을 받아 외쳤다. "하나님이 이 모든 것을 네게 보이셨으니 너와 같이 명철하고 지혜 있는 자가 없도다"(창 41:39).

하나님 나라의 의를 먼저 구하는 우선순위

그런데 생각해보라. 요셉이 애굽 왕 바로의 번민을 해결할 때 요셉 자신의 상황은 어땠는가? 세상의 번민을 해결하는 요셉 자신이 참 고민스럽지 않았는가? 아이러니가 아닐 수 없었다. 요셉은 바로 앞에 서기 위해 면도하고 옷을 갈아입고 나오기 직전까지 감옥에 갇혀 있었다. 나이가 서른 살이었지만 고향을 떠나 객지생활을 하고 있었고, 상사의 아내에 대한 강간미수범으로 벌을 받고 있었다. 결혼은 물론이고 미래를 설계할 수 있는 처지가 전혀 아닌 딱한 젊은이였다. 요즘 젊은이들의 두 가지 고민인 직업과 결혼에 있어 전혀 준비가 되어 있지 못했다.

그런데 그런 고민 많은 요셉이 세상의 번민에 집중했다. 하나님의 능력으로 세상의 번민을 풀어냈다. 그러자 어떤 일이 벌어졌는가? 요셉이 가지고 있던 고민들이 하루아침에 풀렸다. 요셉은 당시 세계 최강제국인 애굽의 총리가 되었다. 죄수의 신분에서 하루아침에 국무총리가 되었던 것이다. 애굽 사람들을 살리고 세상 사람들을 흉년에서 구하는 일이 그에게 맡겨졌다. 또한 요셉은 모든 사람의 인정을 받았다(창 41:37). 죄수의 신분에서 하루아침에 자기들 머리 꼭대기에 올라선 요셉을 애굽 궁궐의 모든 신하가 인정했다. 요셉의 직업문제가 이렇게 해결되었다.

또한 지위와 권력을 얻은 것뿐만 아니라 아스낫이라는 여인과 결혼도 했다(창 41:45). 아마도 빠라오가 중매를 서서 싱사된 결혼이었을 것이다. 온의 제사장 보디베라의 딸 아스낫과 결혼했다. 이렇게 요셉 인생의 모든 고민이 하루아침에 다 해결되었다. 요셉이 세상의 고민을 풀어내니 자신의 인생 고민들도 술술 풀렸던 것이다.

요셉이 자신의 고민거리가 아니라 세상의 번민을 풀어내어 하루아침에 자기의 고민들도 해결한 이 이야기를 들으면 생각나는 성경구절이 있지 않은가? 예수님이 산상수훈에서 말씀하신 구절이다. "너희는 먼저 그의 나라와 그의 의를 구하라. 그리하면 이 모든 것을 너희에게 더하시리라"(마 6:33). 우리 크리스천들의 삶을 규정짓는 멋진 교훈이다. 우리의 우선순위를 명확하게 밝혀준다. 세상 사람들은 '모든 것'에 집중한다. 그래서 무엇을 먹을까, 무엇을 입을까, 어떤 집에서 살까 고민한다. 그런데 우리 역시 그런 고민을 해야 하지만 우리는 먼저 해야 할 일이 있다. 먼저 하나님의 나라와 하나님의 의를 구하는 것이다.

이 우선순위는 무엇을 보여주는가? 바로 우리 인생의 비전을 상기시킨다. 우리는 왜 무엇을 먹고 입을지 고민하는가? 왜 취업해서 직업을 가지려 하고, 이성을 만나서 가정을 이루려고 하는가? 그 '모든 것'은 우리 인생의 목적이 아니다. 우리 인생의 목적인 하나님의 나라와 의를 이루기 위한 수단, 즉 목표에 불과하다. 우리는 우리가 고민하는 인생의 '모든 것'을 왜 가져야 하고 누려야 하는지 질문하고 확인해야 한다. 하나님의 나라와 하나님의 의와는 상관없이 그저 세상 사람들이 생각하는 사고방식이나 가치와 다르지 않다면 돌이켜야 한다. 그저 남들이 하는 대로 좋은 학교, 좋은 직장에는 꼭 가야하고, 좋은 사람을 만나 결혼하고, 돈은 남부럽지 않을 만큼은 꼭 벌어야 한다면 심각하게 고민해보라. 하나님이 진정 나에게 원하시는 인생이 무엇인지 반드시 고민을 먼저 해봐야 한다.

나는 예수님이 산상수훈 중에 마태복음 6장 33절의 중요한 교훈을 말씀하실 때 요셉을 떠올리셨을 것이라고 생각한다. 우리 인생의 비전에 대해서 가르쳐주는 중요한 교훈을 요셉이 이미 보여주었다. 우리는 우리의 인생 고민을 먼저 다 해결한 후에 여유가 생기면 세상의 번민을 풀겠다고 생각하지 말아야 한다. 우선순위가 바뀌었다. 시대의 고민, 이 세상의 번민을 해결하려고 노력하는 삶을 살아야 한다. 하나님이 요셉의 고민을 해결해주신 방법이다. 위에서 살펴본 예수님의 말씀을 유진 피터슨이 해석한 성경에서 이렇게 번역하고 있다. "너희는 하나님이 실체가 되시고 하나님이 주도하시며 하나님이 공급하시는 삶에 흠뻑 젖어 살아라. 뭔가 놓칠까 봐 걱정하지 마라. 너희 매일의 삶에 필요한 것은 모두 채워주실 것이다"(마 6:33, 「메시지 신약」). 예수님의 이 말씀을 미리 완벽하게 삶을 통해 보여준 사람이 바로 요셉이다!

C·H·A·P·T·E·R·9

하나님의 영에 감동된 하나님의 사람

하나님이 함께하시는 영적 능력을 지녀라
예수님은 목수 일을 어떻게 하셨을까?
세상에서 직업을 통해 하나님을 드러내라
시대가 요구하는 전문만능인이 되기 위하여

* * * * *

　요셉은 나이 서른 살에 하루아침에 세계 최강제국의 국무총리가 되었다. 과연 그때 요셉은 총리가 갖추어야 할 능력을 갖고 있었을까? 비슷한 사례를 찾을 수 없는 엄청난 파격 인사였다. 사실 요셉의 생애를 볼 때 13년의 고생 이후 총리가 되는 이 대목이 가장 신나는 장면이지만 한편으로 걱정이 되는 것도 사실이다. 감옥 안에서 몇 년, 적어도 3년은 복역한 사람, 나이도 서른 살밖에 되지 않은 이방인 청년이 당시 세계 최강제국 애굽의 국무를 관장하는 역할을 할 수 있었겠는가 말이다. 그의 30년 인생에 어떤 정치 관련 커리어도 보이지 않기에 걱정이 되는 것은 당연하다.

　성경은 우리가 걱정할 수 있는 이 부분에 대해서도 궁금증을 해소해준다. '30세'는 나중에 예수님이 공식적인 가르침을 시작하실 때의 나이였고(눅 3:23), 출애굽 이후에는 이스라엘에 주어진 율법에 규정되어 레위인들이 공식적인 직분을 시작할 수 있는 나이이기도 했다(민 4:3). 고대 근동지방에서 관직에 오르는 사람에게 요구되는 나이이기도 했다. 요셉의 나이가 서른 살이라는 것은 아직 불안한 연령대라는 뜻이 아니라 그가 공직을 수행하는 데 문제가 없는 자격 조건을 갖추었다는 뜻이다.

하나님이 함께하시는 영적 능력을 지녀라

창세기 41장 45절은 요셉이 총리로 임명받고 온의 제사장 보디베라의 딸과 결혼한 후에 요셉이 했던 일에 대해 기록한다. "요셉이 나가 애굽 온 땅을 순찰하니라." 요셉은 총리로 임명받은 사람이 해야 할 첫 번째 업무가 무엇인지 분명하게 알고 있었다. 한 기관의 책임자가 관직에 임명받은 후 관할 지역을 돌아보고 업무를 파악하는 초도순시를 요셉이 자연스럽게 시행했음을 알 수 있다.

이 사실이 얼마나 창세기 기자에게 인상적이었던지 이렇게 다시 한 번 기록한다. "요셉이 애굽 왕 바로 앞에 설 때에 삼십 세라. 그가 바로 앞을 떠나 애굽 온 땅을 순찰하니"(창 41:46). "바로 앞에 서서" 총리로 임명받고 공직생활을 시작한 후 요셉은 "애굽 온 땅을 순찰했다"고 한다. 반즈 주서시리즈의 창세기를 주석한 H. C. 류폴드에 따르면 여기 46절에 두 번째 나온 '순찰하다'라는 단어는 45절에 나오는 '순찰하다'라는 단어와는 달리 "구석구석을 걷다"라는 뜻이다. 앞의 순찰에서는 폭넓게 주요지역들을 돌아본 것이고, 두 번째는 지난번에 가지 않은 여러 지역을 구석구석 두루 다녀봤다는 뜻이다(「창세기(하)」, 크리스챤서적 펴냄, 910쪽). 애굽의 모든 땅을 파악하려는 요셉의 의도를 확인할 수 있다. 이런 모습이 하도 인상적이었기에 창세기 기자는 요셉의 순찰을 두 차례나 반복하여 기록하고 있다.

이렇게 요셉은 총리에 올랐을 때 총리의 업무를 수행할 만한 탁월한 능력을 갖고 있었다. 그래서 이미 이런 요셉의 면모를 파악했던 바로는 그의 신하들을 향해 이렇게 외쳤다. "이와 같이 하나님의 영에 감동된 사람을 우리가 어찌 찾을 수 있으리요!" 이것은 극도의 감탄을 표현하는 것이다. 바로가 탄성을 지르고 있다. 수많은 애굽의 신하들에게서 볼 수 없는 탁월한 능력이었고, 그것도 요셉이 꿈을 해석하면서 자주 말한 하나님이라는 신이 주신 능력으로 인정할 수밖에 없어 더욱 외경심을 느꼈을 것이다.

아니, 그런데 어떻게 애굽 왕 바로가 '하나님'에 대해서 알았을까? '하나님의 영에 감동된' 것을 바로는 신학적으로 올바로 이해하고 있었던 것일까? 아마도 당시 요셉을 만났던 바로는 옆에 요셉의 '이력서'를 두고 있었을 것이다. 아니면 술 맡은 관원장이 요셉의 프로필을 상세하게 소개하여 이미 요셉의 이력을 알고 있었을 것이다. 그런데 요셉이 제시하는 '7풍7흉 대비 서바이벌 프로젝트'는 도저히 나이 서른 살에, 노예생활을 10년 동안 했고, 감옥에서 3년을 지낸 팔레스타인 출신 젊은이에게서 나올 수 없는 기획안이었다. 더구나 신으로 추앙받는 자기 앞에서 생소한 신 '하나님'의 이름을 다섯 차례나 반복해 언급하는 당돌한 청년 요셉을 바로가 보고 있었다. 그렇다면 바로는 그 청년의 탁월한 능력은 그가 말하는 하나님의 영감을 통해서만 가능하다고 판단할 수 있었다. 그래서 외친 것이다. "이와 같이 하나님의 영에 감동된 사람을 우리가 어찌 찾을 수 있으리요!"

오늘 우리 크리스천 직장인들도 하나님이 함께하시는 영적 능력을 가져야 한다. 애굽의 바로가 요셉에게 보았던 하나님의 영에 감동된 능력은 구체적인 직업적인 능력으로 나타났다. 바로가 본 점은 요셉의 '명철과 지혜'였다. "요셉에게 이르되 하나님이 이 모든 것을 네게 보이셨으니 너와 같이 명철하고 지혜 있는 자가 없도다"(창 41:39). 특히 요셉에게는 그 능력이 애굽을 다스리는 정치적인 역량이었다. 요셉의 예언대로 7년 풍년과 7년 흉년을 대비하는 법을 구체적으로 밝힌 것을 통해 입증되듯이, 요셉의 정치적인 역량은 상황에 대비한 매우 실제적이고 체계적인 것이었다. 위기관리를 위한 총책임자의 선정, 전국 각 지역의 위기관리 감독관 선임과 배치, 세금의 비율(20퍼센트) 확정, 곡식의 집하와 저장 관리의 구체적인 방법과 인적 관리 등 요셉의 위기

관리 프로세스는 바로의 불안한 마음을 완벽하게 해소해주었다.

이렇게 하나님의 영에 감동된 사람의 구체적인 능력을 성경에서는 다양한 직업적인 상황에 맞게 묘사하고 있는 것이 이채롭다. 특히 우리가 주목해야 할 것은 창세기 기자가 요셉의 능력을 묘사하면서 하나님의 영에 감동받았다고 하는데, 이 '하나님의 영'은 창세기 1장 2절에서 하나님의 창조를 묘사할 때 다루었던 바로 그 영을 말한다. "땅이 혼돈하고 공허하며 흑암이 깊음 위에 있고 하나님의 영은 수면 위에 운행하시니라." 요셉에게 감동을 주신 '하나님의 영'은 창조의 기록 이후 창세기에서 두 번째로 언급되었다.

이렇게 하나님의 영이 사람들의 직업적인 능력에 영향을 미친 경우가 성경 곳곳에 기록되어 있다. 출애굽기 31장에 보면 하나님의 성막을 짓기 위해서 브살렐이 선택되었는데, 그가 가지고 있었던 지혜와 총명과 지식과 재주 역시 하나님의 영의 감동으로 주어진 것이었다. "내가 유다 지파 훌의 손자요 우리의 아들인 브살렐을 지명하여 부르고 하나님의 영을 그에게 충만하게 하여 지혜와 총명과 지식과 여러 가지 재주로 정교한 일을 연구하여 금과 은과 놋으로 만들게 하며 보석을 깎아 물리며 여러 가지 기술로 나무를 새겨 만들게 하리라"(출 31:2-5).

캐나다 리젠트칼리지 교수였던 폴 스티븐스 박사는 그의 책 「하나님의 사업을 꿈꾸는 CEO」에서 이 브살렐은 자신이 "수호

성인처럼 여기는 인물"로서 "목수, 장인, 예술가, 선생의 직업을 동시에 가진 인물이었다"고 평가한다(출 31:1-11, 35:10-19, 35:30-36:5). 아마도 폴 스티븐스 자신이 목사가 된 후 목수로 일했던 독특한 경력을 가지고 있기 때문인 것으로 보인다. 브살렐은 '성령을 받은 우리 성도들이 세상에서 어떤 일을 해야 할지 보여주는 선지자적인 그림'으로, 그가 가진 특별한 기술이 하나님이 일터에서 베풀어주시는 성령의 은사로 인한 것임을 잘 보여준다. 이런 탁월한 능력은 "옛 언약 아래서는 소수만 하나님의 영과 직접 교통할 수 있었으므로 그들에게만 일시적으로 주어진 것이었다. 하지만 예수님 안에서 맺어진 새 언약 아래에서는 그 성령이 개개인에게 보편적이고 영구적으로 주어졌다"고 스티븐스 박사는 강조한다(IVP 펴냄, 233-234쪽).

그런데 그리스도께서 열어 놓으신 십자가의 길을 걷고 있는 신약시대의 성도들도 '하나님의 영'이라고 하면 종교적인 면만을 주로 생각한다. 그러나 실제로 하나님의 영은 일상생활 속에서, 더 구체적으로는 직장에서 맡은 일을 해나갈 때 분명하게 역사하신다. 하나님의 영이 함께하시면 아이디어가 필요할 때 아이디어를 얻을 수 있다. 특별한 정보가 필요할 때 원하는 것을 얻을 수 있다. 무엇보다도 일 때문에 지쳤을 때 하나님의 영은 우리에게 새로운 힘을 주신다. 예배드리고 기도하는 것은 바로 이런 이유 때문이다.

하나님의 영은 이후에도 군사 지도자에게는 힘과 리더십으로 나타났다. 기드온에게 임하신 하나님의 영은 리더십을 발휘하여 미디안 족속을 물리치는 군사적인 능력으로 나타났다(삿 6:34). 삼손에게 임한 하나님의 영은 사자를 찢어 죽이는 힘으로 나타났다(삿 14:6). 삼손은 하나님의 영이 임해 나타나는 자신의 힘을 제대로 사용하지 못하고, 평생 나실인의 헌신을 하지 못해 불행한 인생을 마치고 말았다(삿 16:20,30-31). 그 외에도 요셉과 비슷하게 다윗과(삼상 16:13) 다니엘에게(단 5:14) 임한 하나님의 영은 정치적인 역량과 실무에 관한 능력이었다.

이렇게 구약시대의 여러 사람들에게 임한 하나님의 영은 장차 오실 예수 그리스도를 보여준다는 점에서도 의미가 있다. 이사야 선지자는 이렇게 예언했다. "이새의 줄기에서 한 싹이 나며 그 뿌리에서 한 가지가 나서 결실할 것이요 그의 위에 여호와의 영 곧 지혜와 총명의 영이요 모략과 재능의 영이요 지식과 여호와를 경외하는 영이 강림하시리니"(사 11:1-2).

예수 그리스도는 영적인 면에서도 이사야가 예언한 지혜와 총명과 모략과 재능의 영이 임하여 사역했을 뿐만 아니라 일상의 영역에서도 하나님의 영에 충만하여 생활하셨다. 예수님은 목수로 20년 가까이 지내면서 집이나 배, 생활 도구 등을 설계하고 제작하는 직업인의 지혜를 발휘하셨을 것이다. 하나님의 영은 예수님이 하셨을 그 모든 목수 활동에도 함께하셨음이 분명하다.

예수님은 목수 일을 어떻게 하셨을까?

이런 사실을 잘 설명해주는 영화가 멜 깁슨 감독의 〈패션 오브 크라이스트〉(The Passion of the Christ, 2004)이다. 예수님의 십자가 형벌을 앞두고 고통받는 그 처절한 장면들 사이사이에 마리아가 회상을 하는데, 그중 한 장면이다.

예수님이 몇 사람이 함께 식사할 수 있는 크기의 식탁을 만들고 계셨다. 어머니 마리아가 가까이 가서 보니 다리가 긴 식탁이었다. 누가 이런 식탁을 쓰느냐고 묻자 예수님은 부자들이 쓰는 것이라고 하셨다. 마리아가 부자들은 서서 밥을 먹느냐고 묻자 예수님은 아직 만들지 않았는데 의자에 앉아서 식사하기 때문에 식탁 다리가 길다고 대답하고는 의자에 앉아 식사하는 시늉을 해 보이신다. 예수님을 따라 어머니 마리아도 있지도 않은 의자에 앉아서 식사하는 어색한 시늉을 하는 모습을 보고 예수님이 활짝 웃으신다.

유대인들은 바닥에 앉고 몸을 기울여서 눕다시피 하여 식사를 하기에 식탁이 높을 필요가 없다. 그러나 로마문화의 영향을 받은 사람들이 신식생활을 추구하느라 그런 다리가 긴 식탁을 주문했을 수도 있다. 혹은 예수님이 '갈릴리목수협회' 같은 모임에 가서 가구산업의 새로운 트렌드에 대한 지식을 얻어 오셨는지도 모르겠다(전적으로 나의 상상이다). 여하튼 예수님이 목수 일을 할 때 창의성을 갖고 하나님에게 하듯이 일하셨을 법한 상상을 이 영화는 잘 보여준다.

사도 바울은 "무슨 일을 하든지 마음을 다하여 주께 하듯 하고 사람에게 하듯 하지 말라"(골 3:23)고 당시 종으로 살던 성도들에게 교훈하고 있다. 바울이 직업 소명에 관한 이 중요한 교훈을 했던 배경을 상상해 보았다. 바울은 틀림없이 복음서에 기록되지 않은 예수님의 전승에 대한 자료를 가지고 있었을 것이다. "주는 것이 받는 것보다 복이 있다"(행 20:35)는 말씀이 복음서에는 기록되어 있지 않지만, 바울이 주님의 말씀이라고 확실하게 기록하는 것이 그 증거이다. 목수 출신이었던 예수님이 일에 관한 교훈을 직접 말씀하셨을 수도 있다. 혹은 바울 자신이 예수님의 삶에 대해 스스로 묵상해서 당시의 종들에게 필요한 일에 관한 교훈을 했을 가능성도 있다.

왜 많은 직업 중에서 예수님이 목수로 일하셨는지 생각해 본 적이 있는가? 물론 예수님이 목수가 되신 직접적인 이유는 예수님의 육신의 아버지 요셉이 목수였기 때문이다. 예수님은 당시 유대의 모든 동년배 소년과 다름없이 아버지에게 기술훈련을 받아 목수로서 직업활동을 했고, 사람들에게도 그렇게 목수라는 직업인으로 알려졌다(막 6:3). 그런데 하나님이 예수님을 목수로 일하게 하신 목적은 틀림없이 있을 것이다. 유추해 볼 수 있다.

예수님이 목수였다는 사실에 대해 영국의 목회자로 방대한 성경연구 자료를 남긴 허버트 로키어가 이렇게 말한다(「직업과 직분」,

성경연구 올시리즈 5권, 로고스 펴냄, 30-31쪽). "무엇이 예수 그리스도와 요한의 선택을 좌우한 것인가? 왜 요한은 광야에 살면서 항상 설교했으며, 예수님은 무엇 때문에 작업대에서 15년간이나 열심히 일해야 했던가? 요한이 물려받은 세습적인 제사장직보다 예수님이 노동자의 가정에 태어나신 사실이 더 깊은 직업상의 의미가 있는 것이 아닐까? 우리는 인간의 선택 배후에는 이 두 직업을 주관하는 절대자가 계시지 아니한가라는 질문을 던지게 된다. 예수님이 목수의 작업대에서 훈련받으신 것은 바로 하나님의 목적과 계획에 의한 것이었다.

지오반니 파피니(Giovanni Papini)는 「그리스도의 생애」(The Life of Christ)라는 그의 저서에서 목수의 기술은 고대부터 가장 신성한 4개의 직업 중에 하나였다고 진술한다. '농부, 석수장이, 대장장이, 그리고 목수라는 직업들은 수공기술 중에서 인간의 생활과 가장 밀접하게 관련되며, 가장 순수하고 종교적인 기술이다. 군인은 노상강도로, 선원은 해적으로, 상인은 협잡꾼으로 타락할 수 있어도, 농부, 석수장이, 대장장이, 그리고 목수는 변할 수 없고 타락하지 않는다.'"

예수님이 성육신하여 세상에서 사실 때 하나님의 나라를 전파하시기 전에 3년여의 공생애 기간보다 훨씬 오랜 기간 동안 목수로서 일하셨다. 이 사실은 사도 바울에게도 매우 인상적이었을 것이다. 따라서 바울은 예수님의 교훈과 예수님이 가지셨던 직업에 대해서도 묵상하면서 자신도 일하는 선교사가 되어 복음을 전해야겠다는 결심을 했을 것이라고 추정해 볼 수 있다.

세상에서 직업을 통해 하나님을 드러내라

이렇게 직업인들의 실제적인 능력에 하나님의 영이 감동하셨다는 구절은 중요하다. 오늘 우리가 세상에서 하는 일은 절대 호구지책만이 아니며, 교회에 할 헌금을 벌기 위해 마지못해 하는 일도 아니다. 세상에서 하는 일 자체가 하나님의 창조사역의 대리인 역할을 하는 것이다. 하나님이 세상을 창조하시고, 아담에게 생육하고 번성하여 땅에 충만하고 세상 만물을 다스리라고 하신 바로 그 창조명령(창 1:28)을 오늘 우리가 일을 하며 수행해 나가야 한다.

폴 스티븐스 박사가 소개하는 캐나다 요크셔의 한 시골교회는 세상에서 성도들이 가지고 있는 직업이 영적인 일이고, 하나님의 교회에도 중요한 일이라는 사실을 잘 입증했다(「하나님의 사업을 꿈꾸는 CEO」, IVP 펴냄, 127쪽). 그 교회는 9만 달러를 들여서 스테인드글라스를 새로 제작하면서 한 교우를 기념했다. 그 교우는 1836년에 근처의 한 동네에서 태어난 토머스 크래퍼라는 사람이었는데, 그의 직업은 배관공이었다. 그 교회는 화장실 변기의 윤곽이 멋지게 새겨진 스테인드글라스를 통해 그 교우의 업적을 기렸다.

토머스 크래퍼는 개량형 수세식 변기를 발명한 사람이었다. 그 스테인드글라스가 어떤 모습일지 궁금했다. 보통 교회에 있는 스테인드글라스라고 하면 예수님의 고난받는 모습이나 목자 예수님의 모습 등 성화들을 새겨 넣는 것이 보통인데, 변기 모양을 넣은 변기 스테인드글라스라니, 갈 수만 있다면 꼭 한 번 가서 보고 싶었다.

그런데 인터넷 검색을 해보았더니 의외로 쉽게 찾을 수 있었다. 그 교회의 이름은 성 로렌스교회였다. 아마도 강단 앞부분에 있는 스테인드글라스인 것 같은데, 홈페이지 안에서 그 모습을 볼 수 있었고, 변기가 그려 넣어진 부분의 확대된 사진도 볼 수 있었다. 그런데 스테인드글라스에 화장실 변기의 모양을 형상화한 검은 실루엣이 그리 크거나 드러나지 않게 표현되어 있었다. 하지만 세상 가운데 살아가면서 자신의 직업적인 능력으로 사람들의 복지에 기여한 하나님의 사람을 기념한 의도는 틀림없이 확인할 수 있었다. 〈글로브 앤 메일〉(The Glove and Mail)이라는 신문에 그 스테인드글라스에는 "그 교우의 업적을 기리기 위한 일환으로 화장실 변기의 윤곽이 멋지게 새겨져 있었다"고 보도가 되기도 했다. 배관공이었던 토머스 크래퍼에게 하나님이 주신 창조성과 지혜로 지금까지 수십억 명의 사람들이 혜택과 편의를 체험했고, 앞으로도 또 많은 사람들이 유익을 얻을 것이니 하나님의 영이 주신 그 지혜와 창의성은 찬양받아 마땅하다는 내용이었다.

배관공이라는 직업은 꼭 필요한 직업이기는 하지만 사람들이 존경하거나 선망하는 직업은 아니라고 할 수 있다. 배관공으로 평생 살아가면서 하나님이 주시는 지혜를 발휘하여 직업분야에서 영향력을 발휘하고 사람들에게 유익을 주는 일은 정말 중요하다. 오늘 우리도 마찬가지다. 우리가 하는 일이 대단하거나 세상을 변화시킬 만한 획기적인 일이 아닐 수 있다. 그런데 우리가 우리의 직업적인 지혜를 발휘하여 해내는 일들을 통해 하나님이 창조하신 세상을 아름답게 세워 나갈 수 있다. 이렇게 우리의 일을 통해 하나님의 이름을 높여드릴 수 있다.

요셉도 바로 이런 의미에서 우리의 주목을 받기에 충분하다. 요셉이야말로 하나님의 영에 감동하여 세상에서 탁월한 능력을 발휘한 대표적인 인물이다. 잠언 기자가 말하는 이 사람이 바로 요셉 아니겠는가? "네가 자기의 일에 능숙한 사람을 보았느냐. 이러한 사람은 왕 앞에 설 것이요 천한 자 앞에 서지 아니하리라"(잠 22:29). 잠언 기자가 말하는 "자기의 일에 능숙한 사람"을 영어성경(NIV)은 "a man skilled in his work"라고 표현한다. 이런 사람은 천재를 말하는 것이 아니다. 자신이 하는 일의 분야에 있어서 부단한 노력과 구체적인 기술을 연마하여 탁월한 전문성을 가진 사람을 말한다. 우리도 자신의 전공분야에서 탁월한 전문성을 갖기 위해 노력한다면 요셉처럼 왕 앞에 설 수 있다. 나는 잘 준비되어 있는데 왜 왕이 나타나지 않느냐고 푸념하지 말고,

계획을 세우고 시간을 아껴서 최선의 노력을 기울여야 한다.

또한 요셉이 바로의 인정을 받아서 국무총리로 임명받았는데, 그 일이 있기 전에도 이미 요셉은 그의 능력을 인정받은 사람이었다는 사실을 기억해야 한다. 친위대장 보디발의 집에서 노예로 일할 때도 요셉은 최선을 다해 인정을 받았고, 모함을 받아 들어간 감옥에서도 인정받아 모든 일을 맡아 하게 되었다. 우리도 역시 일터에서 일하며 일단 자신이 하는 일에 최선을 다해 능력을 인정받아야 한다. 때로는 지금 하고 있는 일이 자신이 원하는 일이 아니거나 적성에 맞지 않아 고역일 수도 있다. 자신의 능력이 부족할 수도 있다. 그렇더라도 일단 최선을 다해야 한다. 당장 내일 회사를 그만 두더라도 오늘까지 하는 일에서는 인정을 제대로 받겠다는 각오로 열심히 일해야 한다.

시대가 요구하는 전문만능인이 되기 위하여

요셉이 능력과 연관하여 인생수업을 받은 과정을 살펴보는 것도 의미가 있다. 요셉은 아버지의 집에서 대대로 해오던 가업을 따라 목자생활을 하며 어린 시절을 보냈다. 탁월한 목자였던 아버지의 능력을 물려받았는지 아버지는 나이 어린 요셉이 첩들이 낳은 아들들을 감시하는 역할을 하게 했다(창 37:2). 아버지는 우기를 앞두고 먼 지역으로 아들들을 보냈을 때도 요셉을 보내 그들이 일하는 모습을 감시하고 확인하려고 했다. 요셉의 입장에서는 전문성을 가지고 일하다가 일종의 관리자의 위치에 오른 것이다.

나중에 보디발의 집에서 노예생활을 할 때도 이런 패턴을 밟았다. 처음에는 말단 노예였던 요셉이 시간이 지나면서 능력을 인정받아 관리자인 가정총무가 되었다. 감옥에서도 처음에는 신참 죄수였겠으나 나중에는 감옥 안의 모든 일을 책임지는 역할을 하게 되었다. 요셉은 어디에서나 처음에는 전문성을 얻기 위해 노력하다가 시간이 흘러 관리자의 역할을 하면서 책임을 맡아 일하게 되었다. 이런 과정을 밟다 보니 요셉이 애굽 제국의 국무총리에 오른 것이다.

자신의 분야에서 노력하여 전문성을 갖추고 관리자로서 필요한 능력을 갖춘 요셉과 같은 사람을 '전문 만능인'(Specialized generalist)이라고 할 수 있다. 전문가이면서도 다양한 지식과 관리자의 역량을 갖추면 조직 속에서 더욱 탁월한 능력을 발휘할 수 있다. 이런 전문 만능인을 'T형 인재'라고 표현하기도 한다. T자의 아래로 내려가는 획은 자신의 직업적인 전문성을 말한다. 이런 전공 능력이 있어야 직업인으로서 영향력을 발휘할 수 있다. 그러나 일은 능력만 가지고 하는 것은 아니다. T자의 옆으로 가는 획은 전문성에 곁들인 추가적인 능력을 말한다. 인간관계나 팀워크 능력, 리더십, 인성, 취미생활, 개인기 등 업무 외적인 능력을 말한다. 다윗은 바로 이런 두 가지 능력을 가지고 있었다.

    다윗은 목동으로서 전문성을 가지고 있었다. 물매를 이용해 물맷돌을 던져 곰이나 사자를 죽인 적도 있고, 골리앗과 맞서 싸울 때 바로 그 전문성을 잘 활용했다. 달려가면서도 정확하게 조준하여 골리앗의 이마에 물맷돌을 명중시켰고, 돌이 머릿속에 박힐 정도로 강력하게 던지는 능력을 가지고 있었다. 이것이 목동이었던 다윗의 전문성이다.

    그에 덧붙여 다윗에게 한 가지 능력이 더 있었는데, 바로 수금을 연주하는 일종의 개인기였다. 이 능력을 통해 다윗은 사울 왕의 악사 겸 비서가 되어 사울 왕의 궁궐에 입성했다. 그곳에서 궁궐의 문화를 접하는 혜택을 누렸다. 다윗은 왕으로 기름부음을 받았지만 아버지가 왕이 아니었기에 궁궐의 문화를 익힐 수 있는 방법이 없었다. 그런데 종종 악령에 사로잡히는 사울 왕의 곁에 늘 있다가 수금을 연주하여 악령을 쫓아내는 일을 하게 된 것이다. 그때 다윗은 사울 왕의 곁에서 왕과 신하들이 어떤 이야기를 나누는지 들었고, 어떤 결재서류에 서명하는지 지켜보았을 것이다. 다윗 왕의 궁궐생활은 매우 유익한 제왕수업의 기회였다. 이보다 더 좋은 기회를 얻을 수 있었겠는가? 다윗은 취미생활인 수금연주의 능력을 통해 그런 기회를 얻었다. 이런 과정이 다윗이 자신의 왕조를 건설하는 데 큰 도움을 주었다.

    그러면 능력을 얻기 위해서 우리는 어떻게 해야 할까? 자기계발의 방식에 대해 흥미로운 방식들이 있다. 하나는 '르네상스 제너럴리스트'로 동시에 여러 분야에 도전하는 것이다. 자기의 재능과 특성을 다 계발해야만 완전한 인간이 된다는 르네상스 시대의 이상을 반영하는 자기계발 방법이다. 레오나르도 다빈치를 생각하면 이해가 쉽다. 다빈치는 화가, 엔지니어, 발명가, 과학자, 철학자, 음악가 등 다양한 영역에서 온갖 호기심을 가지고 업적을 남겨 놓았다. 영국 경영사상가 찰스 핸디가 말하는 '포트폴리오 노동자'가 바로 오늘날의 르네상스 제너럴리스트라고 할 수 있다. 점점 풀타임 정규직 노동자로 일하기 힘든 시대가 되고 있는데, 두 가지 혹은 여러 가지 일을 각각 파트타임으로 하면서 자신의 삶에 대해 포트폴리오를 잘 구성해서 살아가는 것이다.

이 방법은 경제적인 불안정을 피하기 힘든 단점이 있는데, 그에 대한 대안으로 '연속 스페셜리스트'가 두 번째 방법이다. 이것은 하나씩 차례로 시도하는 자기계발의 방법이다. 이 방법은 다양한 재능과 열정에 흠뻑 취할 수 있고, 요즘 은퇴 시기가 계속 앞당겨지고 수명은 길어지는 상황에서 여러 가지 다양한 직업에 종사해 볼 수 있는 기회도 만들 수 있다(로먼 크르즈나릭 지음, 「인생학교 : 일—일에서 충만함을 찾는 법」, 쌤앤파커스 펴냄, 113-116쪽).

'경영학의 아버지'로 불리는 피터 드러커는 30여 권의 책을 썼는데, 자신을 '생태사회학자'로 이름 붙인 그는 경영학만이 아니라 법학, 정치학, 경제학, 사회학 같은 사회과학 전반의 책들을 썼다. 드러커는 자신의 그런 집필에 대해서 과거 자신이 신문기자로 여러 주제의 글을 써야 했기 때문이라고 이야기한다. 3~4년마다 다른 주제를 택해서 공부하는 것을 70년 가까이 했다고 한다. 그 과목으로는 통계학, 중세 역사, 일본 미술, 경제학 등 다양했다. 이런 방법으로 연속적으로 자신의 분야에서 전문성을 갖기 위해 독서하고 공부하여 자기계발을 하는 방법이 있다.

줄탁동시(茁啄同時)라는 사자성어가 있다. 두드리고 쪼아주는 과정이 동시에 일어날 때 달걀이 부화하여 병아리가 태어난다는 뜻이다. 병아리가 부화될 때 그 몸부림이 애처롭다고 밖에서 달걀껍질을 깨주면 안 된다. 쉽게 나올 수 있도록 껍질을 깨주면 병아리가 힘들이지 않고 나올 수는 있다. 그런데 오래 살지 못하고 쉽게 죽는다. 자연 상태에서 병아리가 태어나기 위해서는 무수한 움직임과 몸부림으로 달걀 안에서 수백, 수천 번 껍데기의 내부를 두드리는 노력을 하는데(줄!), 그 과정을 거칠 때 어미 닭이 그냥 밖에서 깨뜨려주지 않는다. 기다리던 어미 닭은 병아리가 안에서 두드릴 만큼 두드려 약한 부분이 금이 가고 그만 나와도 될 만한 때에 탁(탁!) 하고 쪼아서 도와준다. 이것이 바로 줄탁동시이다. 능력을 얻기 위한 우리의 부단한 노력과 하나님의 인도하심이 동시에 만나는 곳에서 위대한 역사가 일어날 것이다.

C·H·A·P·T·E·R·10

세상이 고통받을 때 창고를 열기 위하여

곡식을 저장하는 지식, 결국 그것이 문제였다
당신의 창고에 지식을 저장하여 기근 때 열라
비즈니스의 꿈을 가지고 세상 사람들을 살려내라
교회가 준비해야 할 지식 창고는 무엇인가?

* * * * *

애굽 백성들은 7년 풍년 뒤에 올 것이라고 예고된 7년 흉년을 2년도 채 견디지 못했다. 풍년이 7년 연속되는 것을 경험했다면 7년 흉년의 예언도 틀림없이 이루어질 것이었는데도 그들은 제대로 대비하지 못했다. 흉년이 2년밖에 지나지 않았는데 애굽 백성들은 그동안 모은 돈을 곡식을 사느라 다 썼고, 자신의 집과 토지와 가축들, 심지어 자신의 몸까지 팔아야 했다. 물론 요셉이 풍년 때 전체 소출량의 20퍼센트를 수매하여 국가적인 사업으로 창고에 저장했지만 백성들도 남은 곡식을 저장했을 것이다. 해를 거듭할수록 더욱더 풍년이 드는 상황이었기에 남은 곡식들을 다 먹을 수도 없었을 것이기 때문이다. 그렇다면 애굽 백성들은 곡식을 제대로 저장하지 못해서 막상 흉년 기간에는 곡식을 제대로 활용할 수 없었던 것으로밖에는 설명하기 힘들다. 어떻게 이런 일이 생겼는가?

곡식을 저장하는 지식, 결국 그것이 문제였다

애굽 백성들은 7년간 연속으로 엄청난 풍년이 들었던 이후 흉년이 든 첫해에는 그다지 어려움을 겪지 않았던 것 같다. 그런데 흉년이 둘째 해로 접어들자 애굽 사람들은 그동안 저축해 두었던 돈을 다 털어서 곡식을 사 먹어야 했다. 흉년이 2년이 지나고 나니 그들은 자신들의 말과 양 떼와 소 떼와 나귀들을 모두 곡식과 바꾸어 먹어야 했다. 흉년이 3년 차에 들어섰을 무렵에는 집과 땅, 심지어 그들의 몸마저 저당 잡혀 곡식을 사 먹어야 했다. 그래서 흉년이 들어 3년도 채 되기 전에 국록을 먹는 제사장들의 땅을 제외한 애굽의 모든 땅은 바로의 소유가 되었고, 모든 백성은 바로의 종이 되고 말았다(창 47:13-26).

어떻게 이런 일이 벌어질 수 있었는가? 아무리 극심한 흉년이 들었더라도 3년도 채 되기 전에 애굽 사람들이 빈털터리가 되었다니 좀 이상하지 않은가? 나머지 4~5년 동안 애굽과 고대 근동 지방 사람들을 먹여 살릴 수 있을 만큼의 곡식은 요셉이 관리 책임을 진 애굽의 국가 창고 안에만 있었다.

요셉이 풍년 7년 동안 20퍼센트의 세금을 거둔 것을 가리켜 성경은 이렇게 표현한다. "쌓아 둔 곡식이 바다 모래같이 심히 많아 세기를 그쳤으니 그 수가 한이 없음이었더라"(창 41:49). 국가기관에서 업무를 수행하면서, 더구나 위기상황을 대비한 일을 하면서 비축 양곡의 양을 측정할 수 없을 정도였다니 상상이 되는가? 얼마나 큰 풍년이 들었는지 우리는 충분히 상상할 수 있다. 요셉은 그만큼 많은 양의 곡식을 저장할 수 있었다.

그렇다면 궁금해진다. 세금으로 20퍼센트를 내고 난 나머지 80퍼센트의 곡식을 갖고 있던 애굽 사람들은 그 곡식을 다 먹었겠는가? 풍년 때 수확량의 20퍼센트만 세금으로 걷어 저장한 것으로 국가를 운영하고, 굶어죽을 애굽 사람들을 7년 동안이나 먹여 살렸는데, 나머지 80퍼센트를 가진 애굽 백성들이 그것을 다 소비하기는 힘들었을 것이다. 그러면 백성들은 남는 곡식을 어떻게 했을까? 파는 것도 한두 해는 가능했겠지만 연속해서 점점 더 풍년이 드는 상황에서는 곡식을 팔아 돈을 확보하는 것도 쉽지 않았을 것이다.

그러면 어떻게 했을까? 백성들은 풍년 기간 동안 마음껏 먹고 남은 곡식은 당연히 저장했을 것이다. 아마도 요셉이 국고성을 여러 곳에 지어 저장한 곡식의 양보다 백성들이 각자 저장한 양이 더 많았을지도 모른다. 그렇다면 그들이 저장한 곡식은 어떻게 되었다는 것인가? 저장할 때 온도와 습도 유지를 잘해주지 못해서 곡식이 썩었거나 먹을 수 없게 되었던 것 같다. 본래 곡식이란 쉽게 벌레가 나고 썩는다. 애굽 백성들은 곡식 저장을 제대로 하지 못했기 때문에 그런 심각한 사태를 겪어야 했다.

그러면 요셉은 곡식을 저장하는 방법을 어떻게 알았을까? 어디에서 배웠던 것일까? 전에 요셉이 감옥에 갇혀 있을 때 그곳에 들어온 바로의 신하들 중 술 맡은 관원장과 떡 굽는 관원장 외에 농사를 관장하는 신하가 들어왔던가? 그럴듯한 상상이긴 한데 그보다 더 분명한 근거가 있다. 요셉은 곡식을 저장하는 방법을 체계적으로 배울 수 있는 기회를 가졌다.

전에 친위대장 보디발의 집에서 종으로 있을 때였다. 요셉은 그때 보디발의 집안일을 모두 책임지는 일종의 청지기로 일했는데, 그때 했던 중요한 업무가 바로 '집안일과 밭일'이었다. 집안일이란 집안 살림과 재산 관리를 전담하는 청지기의 업무였다. 요셉의 경우에는 노예들을 관리하는 일도 포함되었을 것이다. 밭일이란 애굽 왕 바로의 친위대장 보디발의 농토에서 농사를 지어 농작물을 보관했다가 유통하여 수익을 극대화하는 일이었다. 이때 요셉은 농사일이나 곡식과 밭작물들을 저장하는 창고 운영방법, 그리고 가장 좋은 가격을 받을 때 출하하는 유통방법에 대해서 배웠을 것이다.

또한 요셉의 할아버지 이삭이 전에 블레셋 땅 그랄 지방에 가서 농사를 지어 소출을 백 배나 얻은 큰 성공을 거둔 경험이 있었다(창 26:12). 할아버지에게 들은 그런 특이한 경험도 요셉의 농업지식 확보에 도움이 되었을 것이다. 요셉이 어린 시절 꿈을 꾸었을 때 형제들이 묶는 곡식 단이 꿈의 소재로 등장하는 것으로 봐도 요셉에게는 일찍부터 농사나 그와 관련된 일을 해본 경험이 있었던 것을 알 수 있다. 이런 경험이 애굽이라고 하는 큰 나라의 창고를 책임지고 관리해야 하는 총리의 업무에 큰 도움이 되었다.

결국 요셉은 과거에 이미 지식이라는 알곡을 창고에 가득 채워본 경험을 가지고 있었다. 요셉은 보디발의 집에서 종살이를 하며 꽤 규모가 있는 창고에 지식의 알곡을 가득 저장한 경험이 있었다. 그 작은 일을 지혜롭고 성실하게 해내자 그에게 더 분명하고 규모가 큰 창고가 주어졌고, 결국 요셉은 그 거대한 창고를 통해 세상 사람들을 살려내는 비전을 성취하게 되었다.

어떤 사람들은 자신은 통이 크기에 체질에 맞는 큰 창고를 관리할 수 있다고 자부한다. 그런데 그가 만약 예전에 작은 창고를 제대로 운영해본 적이 없다면 큰 창고를 운영하기란 결코 쉽지 않다. 작은 창고를 맡고 있을 때 아무도 주목하지 않고 힘들어도 그 일을 잘 감당해내면 큰 창고가 맡겨졌을 때도 그 일을 제대로 해낼 가능성이 높다.

이렇게 요셉이 창고를 관리해본 경험을 살려 큰 창고를 운영할 수 있는 힘이 바로 지식이다. 요셉은 그 많은 곡식을 썩지 않게 저장하는 방법을 알고 있었다. 풍년 첫해에 저장한 곡식을 흉년 첫해에 소비했다고 추정하면 요셉은 적어도 곡식을 7년간 저장하는 방법을 알고 있었다. 아니, 아마도 요셉의 곡식 저장시스템은 더 체계적이어서 풍년 첫해뿐만 아니라 초기 몇 해에 생산된 곡식은 이미 풍년 중기 이후에 생산된 곡식들로 대체되어 있었을 것이다. 그래야 더 효과적으로 곡식을 저장할 수 있기 때문이다.

사람들은 보통 어떤 일에 대해서 준비를 철저히 하지 않는다. 그저 닥치면 허둥대며 끙끙대기 마련이다. 시대를 읽는 안목도 그렇다. 앞날을 잘 내다보지 못한다. 그것이 문제이다. 애굽 사람들은 요셉의 예언을 알고 있었으면서도 준비를 하지 않았다. 참 어리석은 사람들이다. 그런데 사람들이 대개 그렇다. 준비하면 될 걸 충분히 알면서도 준비하지 않아서 낭패를 보곤 한다. 요셉 시절 애굽 사람들의 이야기가 결코 남의 이야기가 아니다.

그렇게 7년 풍년이 있은 후 흉년이 시작되자 애굽뿐만 아니라 주변 나라들에서도 기근 때문에 큰 난리가 났다. 저장해둔 곡식이 없었다. 그런데 애굽에는 식량이 있었다. 그러니 애굽 사람들은 이웃 나라 사람들보다는 준비를 조금 더 했던 것이다. 그러나 애굽 사람들에게도 한계가 있었다. 애굽 사람들도 2년을 채 못 견뎠다. 이런 어리석음이 너무나 안타깝지 않은가?

요셉은 준비를 제대로 했다. 요셉은 거대한 창고들을 애굽 전역 곳곳에 지역별로 여러 개 짓기로 하고 시행했다. 대부분의 사람들이 마음 놓고 있을 때, 연이은 풍년으로 곡식이 남아돌고 풍족할 때 요셉은 그렇게 준비를 했다. 곡식이 남아돌아서 흥청망

청 풍요에 취해 있었으니 사람들이 평소보다 더 많이 먹었을 것이다. 또한 농사일을 대충해도 풍년이 들고 작년에 먹고 남은 곡식도 있으니 게을러져서 일도 하지 않고 늘어지게 잠을 잤을 것이다.

사람들은 아무 생각 없이 그냥 언제까지나 풍년일 것이라고 착각하면서 지낼 때였다. 세상 사람들은 그렇게 마음 푹 놓고 풍년을 즐기고 있을 바로 그때 요셉은 창고를 준비했다. 우리의 인생도 창고를 준비하는 시기이다. 그 창고 안에 우리의 인생이 담겨 있다. 당신은 어떻게 당신의 창고를 준비하고 있는가?

당신의 창고에 지식을 저장하여 기근 때 열라

봉우리가 높으면 골짜기도 깊어지는 법이다. 그것이 인생이다. 또 그것이 경제의 원리이다. 호황이 있으면 불황이 있다. 우리의 인생이나 경제나 그렇게 사인곡선을 그리기 마련이다. 교회의 성장도 그렇다. 활발하게 성장하는 때가 있는가 하면 더딘 때가 있고 침체하는 때가 있다. 우리는 우리가 하는 일과 관련된 '창고'를 준비해야 한다. 당신 자신이 어떤 창고를 준비해야 할지 잘 알고 있을 것이다. 곡식이 썩지 않도록 창고를 준비했던 요셉처럼 당신의 평생 직업분야에서 썩지 않게 보존할 지식의 '곡식'들을 많이 만들어내야 한다.

창세기 41장 56절은 가슴 벅찬 장면을 보여준다. "온 지면에 기근이 있으매 요셉이 모든 창고를 열고 애굽 백성에게 팔새 애굽 땅에 기근이 심하며." 온 세상에 기근이 있었다고 한다. 그래서 요셉이 애굽 땅 곳곳에 준비해둔 모든 창고를 열었다. 그리고 애굽 백성들에게 곡식을 팔았다. 참 가슴 벅찬 모습이 아닌가? 그래서 굶어 죽어가는 사람들을 살렸다.

그런데 가만히 보면 요셉은 굶주리는 애굽 백성들에게 곡식을 공짜로 나눠준 것이 아니었다. 요셉이 그들을 살린 곡식은 구휼미(救恤米)가 아니었다. 요셉은 자기가 준비해둔 창고를 열어서 굶주린 세상 사람들에게 곡식을 팔았다. 자선사업을 한 것이 아니라 비즈니스를 했다. 하지만 당시 상황을 보면 그렇게 곡식을 팔 수 있는 상황이 아니었다. 곡식이 떨어진 애굽 백성들은 자신들의 가축과 토지, 집뿐만 아니라 나중에는 그들의 몸도 모두 저당 잡히면서 곡식을 사 먹었다. 그런 상황이 되었을 때도 요셉은 공짜로 곡식을 나눠주지 않았다. 요셉이 곡식을 사러 애굽으로 온 형들에게 결국 자신을 밝히고 회포를 풀 때 이렇게 이야기한다. "이 땅에 이 년 동안 흉년이 들었으나 아직 오 년은 밭갈이도 못하고 추수도 못할지라"(창 45:6).

5년 동안 남은 흉년 기간에는 농사 자체가 안 될 것을 알고 있었으면서도 요셉은 애굽 백성들에게 곡식을 나눠주어 그 땅에 씨를 뿌려 농사를 지으라고 했다. 그것으로 농사를 지어서 다음 해의 종자도 확보하고, 가족들의 양식으로도 쓰라고 했다. 그리고 농사를 지은 후 소출이 얼마가 나오든 20퍼센트는 세금으로 납부하라고 했다. 이렇게 요셉은 기근이 극심한 상황에서도 백성들에게 곡식을 팔았고, 백성들의 돈이 다 떨어진 상황에서도 종자와 곡식을 나눠주면서 농사를 계속 짓게 했다. 아마도 흉년이 끝나는 때까지 내내 그런 정책을 시행했던 것으로 보인다. 이렇게 요셉이 애굽 백성들에게 농사를 계속 짓게 하고, 곡식을 팔고 대여하는 비즈니스 활동을 계속한 이유가 무엇이었을까?

두 가지를 생각해 볼 수 있다. 첫째는 애굽의 경제를 위한 거시적인 목적 때문이었다. 만약에 기근이 들었다고 해서 백성들에게 곡식을 무료로 나눠주고, 되지도 않을 농사이니 포기하고 땅을 묵혀 두게 한다면 나머지 흉년의 기간이 지난 후에 더욱 큰 문제가 발생했을 것이다. 애굽의 경제를 회복시키는 일이 너무도 힘들었을 것이란 말이다. 몇 년 동안 일하지 않아도 공짜로 먹고살 수 있었다면 막상 일을 해야 할 때 사람들에게 근로 의욕이 생길 리가 없다. 심리학에서 말하는 '무기력의 학습'을 요셉은 충분히 예상했던 것으로 보인다.

요즘 우리나라에도 이른 바 '대박'을 좇는 도박의 망령과 '로또'의 일상화가 나라를 망칠 만한 못된 풍조가 아니던가? 불황의 골이 깊어진 틈을 타서 더욱 공짜 심리가 만연해지고 있다. 당시 애굽 사람들에게는 흉년 후에 건전하게 일을 새로 시작해서 경제를 재건하는 일이 무엇보다 중요하다는 점을 요셉은 잘 알고 있었다. 그래서 사람들이 계속해서 일을 하고 곡식을 공짜로 얻어먹지 않도록 하려고 비즈니스 활동을 계속하게 했다.

또 한 가지 이유는 영적 교훈을 주는 측면이다. 요셉이 계속해서 백성들에게 곡식을 팔았던 것은 비즈니스를 통해 세상 사람들을 살린다는 분명한 가치와 명분을 사람들에게 알리려고 한 것이다. 결국 요셉은 곡식을 파는 비즈니스와 사람들이 농사를 계속 짓게 하는 정책을 통해 수많은 애굽 사람들을 살렸다. 이렇게 비즈니스를 통하여 죽어가는 세상 사람들을 살릴 수 있다. 너무도 멋지고 중요한 일이다.

비즈니스의 꿈을 가지고 세상 사람들을 살려내라

"온 지면에 기근이 있으매 요셉이 모든 창고를 열고 애굽 백성에게 팔새 애굽 땅에 기근이 심하며 각국 백성도 양식을 사려고 애굽으로 들어와 요셉에게 이르렀으니 기근이 온 세상에 심함이었더라"(창 41:56-57). 나는 이 구절을 무척 좋아한다. 목사로 살아가지만 비즈니스가 얼마나 중요한 것인지 잘 알고 있다. 월간 〈일하는 제자들〉 편집장 일을 4년 5개월 동안 하면서 세상에서 돈을 버는 일이 얼마나 힘들고도 중요한 일인지 깊이 체험했다. 이 구절을 접하면서 느낀 전율을 잊지 못한다. "요셉의 인생 비전은 이렇게 비즈니스를 통해 세상을 살리는 것으로 꽃피는구나! 너무나 멋지다." 그래서 이 진리를 널리 알리고 다녔다.

이 중요한 진리를 앞에 두고 보면서도 사람들은 별로 감동할 줄 모른다. "온 지면에 기근이 있으매 요셉이 모든 창고를 열고 애굽 백성에게 팔새." 여기서 '팔았다' 는 부분에 집중해야 한다. 요셉은 곡식을 팔아서 굶어 죽을 사람들을 살려냈다. 그 일을 위해 지식을 쌓으며 평생 준비했다. 그리고 결국 세상 사람들을 구원해냈다.

강의나 설교를 하면서 당신들의 비즈니스로 세상을 살릴 수 있다고 목청껏 외쳐도 사람들은 별로 수긍하지 않는다. "이 말을 목사인 제가 하니 분명한 사실입니다. 만약 평신도로 비즈니스를 하는 분이 와서 이렇게 말한다면 그것은 옳은 이야기지만 '직업이기주의' 입니다. 자신이 비즈니스를 하고 있으니 그렇게 주장하는 것이 아닙니까? 그런데 목사인 제가 '여러분, 목회현장으로 오십시오. 선교사로 헌신해서 타문화권으로 가십시오.' 이렇게 말하지 않고 '여러분의 비즈니스로 세상을 구원해 낼 수 있습니다. 여러분은 이미 직업선교사입니다' 라고 말하니 이것은 진짜입니다. 제 말을 믿어주십시오." 이 정도로 열을 올려야 겨우 반응을 보인다. 영육이원론이 얼마나 우리 크리스천들의 삶에 깊이 뿌리를 내리고 있는지 실감할 수 있다.

미국의 요셉컴퍼니 사역단체의 대표인 로버트 프레이저가 「마켓플레이스 크리스천」에서 이야기한다. 지금까지 기독교 역사에서 '위인'이라고 하면 선교사나 목회자를 주로 언급해왔다. 프레이저가 위인전기를 탐독하는 사람이라 서재의 책꽂이 한쪽 전체가 크리스천들의 전기로 가득 차 있다고 한다. 어느 날 기독교 위인들의 서가를 한눈에 살펴보면서 깨달은 것이 있다. 리스 하월즈, 데이비드 브레이너드, 조지 뮬러, 찰스 웨슬리, 찰스 피니, 조나단 에드워드, 존 칼빈, 스미스 위글스워스 등 거의 모두 전임사역자들이었다고 한다.

그러나 반대로 성경의 영웅들 대부분은 '제사장'이 아니었다. 아브라함은 목축업을 하던 사업가, 요셉은 유능한 경영자이자 공무원, 여호수아와 갈렙은 장군, 다윗은 목동, 장군, 그리고 왕이었고, 다니엘과 느헤미야는 정부 관료였다. 그런데 성경 속의 영웅들을 우리는 이 시대의 목회자 상이라는 시각으로 해석하려 한다는 것이다(순전한나드 펴냄, 21쪽).

정말 그렇다. 히브리서 11장 38절에서 "세상이 감당하지 못하는" 믿음의 영웅이라고 칭찬받는 사람들은 누구인가? 아벨, 에녹, 노아, 아브라함, 사라, 이삭, 야곱, 요셉, 모세, 기생 라합 등이고, 시간이 부족해서 설명은 못하지만 이름만 말하는 기드온, 바락, 삼손, 입다, 다윗, 사무엘과 선지자들이다. 십여 명쯤 되는 믿음의 영웅들 중에서 오늘날의 전임사역자에 해당하는 사람을 찾아보라.

모세와 사무엘 정도가 오늘날의 목회자에 해당하는 사람들이라고 생각할 수 있다. 그런데 그들은 하나님의 선지자였지만 겸직을 하고 있었다. 모세는 선지자이면서 동시에 이스라엘의 지도자였고, 사무엘 선지자는 평생 이스라엘의 사사로 일했다. 사무엘은 해마다 그의 집이 있는 라마에서 백성들을 재판했고, 벧엘과 길갈과 미스바로 순회하면서 백성들을 재판하고 다스리는 사사로 평생을 일했다(삼상 7:15-17). 사무엘과 모세 두 사람만 겸직을 한 사람들이고, 나머지 10여 명의 사람들은 이른 바 '평신도'였다. 세상 속에서 치열하게 비즈니스를 하면서 하나님을 섬긴 사람들이었다.

히브리서 11장을 본문으로 한 설교를 많이 들었어도 이렇게 세상 속 직업인의 관점으로 하는 설교는 듣기 힘든 이유가 있다. 세상이 감당하지 못하는 평신도들을 칭찬하고 목회자에 해당하는 사람들은 거의 없어서 설교자들이 설교를 꺼리는 것일까? 혹시 비즈니스를 하는 사람들에게 '영업 비밀'이 있듯이 목사들의 직업적인 비밀인 것일까? 함부로 알려주면 안 되는 껄끄러운 부분일지도 모르겠다.

다시 요셉의 이야기로 돌아와 보면 요셉은 지식의 창고에 알곡을 가득 담는 비즈니스를 통해 애굽 사람들을 살렸고, 자기 동족, 이스라엘 백성들을 애굽으로 이끌어 가뭄을 이겨내고, 결국 큰 민족으로 키워내는 산파역할을 했다. 형들에게 미움을 받아 팔려

온 소년 요셉이 결국 비즈니스를 통해 자기 가족을 살리고, 세상 사람들을 위기에서 구해냈던 것이다.

오늘날에도 세상의 많은 사람들이 고통을 받고 있다. 세상이 신음할 때 그들을 돕기 위해 우리는 비즈니스의 꿈을 포기하지 말아야 한다. 세계를 주름잡으면서 비즈니스를 통해 지식의 창고를 열어 세상 사람들을 살릴 꿈을 꾸어야 한다. 그러니 우리는 나 하나의 생존에 목숨 걸고 아옹다옹 다투며 살아서는 안 된다. 세상에 태어나서 살아가는 사람의 인생 목적이 고작 아파트 한 채 장만하는 것이어서야 되겠는가? 노후대책을 세우기 위해 몇 억원 만드는 일이 인생의 목적인 것처럼 떠들고 다닌다면 문제가 많다. 비즈니스를 통해 세상을 살릴 꿈을 꾸어야 한다. 비즈니스를 통해 세상 사람들을 구원해내는 원대한 비전을 펼칠 수 있어야 한다.

이렇게 중요한 비즈니스는 과연 우리에게 어떤 의미가 있는지 복음서에서 예수님이 말씀하시는 천국이야기 중에서 비즈니스와 관련된 부분을 살펴보자. 마태복음 24장을 보면 주인이 충성된 자기 종에게 무엇을 맡긴다는 이야기를 예수님이 비유로 말씀하신다. 맡기는 것이 '그 모든 소유'라면 그것은 바로 돈을 말한다(마 24:47). 주인이 종에게 돈을 맡기는 것은 돈을 더 벌기 원하기 때문이니, 바로 비즈니스의 기본 개념이 이 비유 속에 들어 있다. 예수님은 이것이 바로 천국의 모습과 같다고 설명하신다.

또 한 가지 에피소드가 천국의 모습을 설명해준다. 영원한 생명을 얻기 원한 부자 청년에게 예수님이 말씀하셨다. "네가 온전하고자 할진대 가서 네 소유를 팔아 가난한 자들에게 주라. 그리하면 하늘에서 보화가 네게 있으리라. 그리고 와서 나를 따르라"(마 19:21). 예수님은 그 부자 청년에게 재산을 전부 사회에 기부하고 좇으라고 말씀하시지 않았다. 재산을 팔아서 가난한 자들에게 나누어주라고 하셨다. 여기서 '파는 것'이 바로 비즈니스 아닌가? 또한 그렇게 재산을 팔아 얻은 돈을 가난한 사람에게 나누어주는 것도 요즘 식으로 말하면 재산의 사회 환원이고, 비영리단체의 운영이다. 이것도 비즈니스와 연관된 일이다. 이런 일을 통해 하나님의 나라가 모양을 갖춰간다. 우리가 하는 비즈니스 활동을 통해서 천국을 이룰 수 있다는 뜻이다.

파는 행위와 관련하여 이런 이야기가 있다. 일종의 '천국표 비즈니스'를 보여준다. 소설 「빙점」의 작가인 일본인 미우라 아야꼬가 겪은 일이다. 아야꼬는 본래 초등학교 교사였다가 교직을 떠났고, 결핵으로 13년간 긴 투병생활을 했다. 그 와중에 같이 투병하던 소꿉친구의 사랑과 전도로 예수님을 믿게 되었다. 연인은 세상을 떠났고, 아야꼬는 1959년에 요양생활을 마친 후 〈무화과〉라는 기독교 문학잡지를 통해 알게 된 미우라 미쓰요 씨와 결혼을 했다. 그는 물론 아야꼬와 같은 신앙을 가진 크리스천이었다.

생계를 위해 무슨 일을 할까 고민하던 부부는 잡화점을 열어 함께 장사를 시작했다. 장사가 잘되어 두 사람 다 눈코 뜰 새 없이 바빴다. 그런데 얼마 후 미우라 씨 가게 건너편에 동일한 업종의 잡화점을 연 부부가 있었다. 그런데도 미우라 씨네 잡화점만 잘되고, 그 집은 장사가 잘되지 않는 것이었다.

어느 날 남편 미우라 씨가 아내에게 말했다.

"저 집은 아이들이 많고 공부도 시켜야 하니 들어갈 돈도 많을 텐데 장사가 저렇게 안 되니 어쩌면 좋소. 우리가 좀 도와줍시다."

무슨 이야기인가 아내가 묻자, 남편이 말했다.

"우리 가게에다가 물건을 좀 덜 갖다 놓아서 그 물건을 찾는 손님이 있으면 우리가 저 집을 추천해줍시다. 저기 가서 사라고 말이오."

아내는 처음엔 무슨 말도 안 되는 소리인가 타박을 했지만 남편의 말을 듣기로 했다. 그러자 당연히 남편의 말대로 상대편 가게에도 손님이 들게 되었다. 그렇게 되면서 미우라 씨 부부는 시간적인 여유가 생겼다. 그래서 미우라 아야꼬가 소설을 쓰기 시작했다. 1964년에 〈아사히신문〉에서 주최한 1천만 엔 고료 장편소설 공모에 응모했고, 7백여 편의 응모작 중 당당하게 당선되었다. 그 소설이 바로 「빙점」이다.

나중에 미우라 아야꼬가 이런 이야기를 했다. 명언집에도 실리고 널리 알려진 유명한 말이다. "어떻게 해야 좋을지 모를 때에는 자신에게 손해가 되는 쪽을 선택하는 게 낫다. 자신에게 득이 되는 일과 마주치면 인간은 시험받게 된다. 득봤다고 기뻐하다 보면 잘못된 생각을 하게 된다. 인간은 이익 앞에서 눈이 어두워지는 법이다."

아마도 미우라 아야꼬의 이 말은 과거 작가가 되기 전에 잡화점을 열어서 경험했던 위의 에피소드를 계기로 얻은 교훈일 것이다. 치열한 비즈니스 현장에서 일하는 사람들에게 어울리지 않는 이야기라고 치부할 수도 있으나 바로 이런 것이 천국표 비즈니스이다. 우리가 세상에서 이런 비즈니스를 차근차근 연습하면서 천국을 이루어갈 수 있다. 이런 샘플이 쌓이고, 그것이 모델이 되어 사람들이 감동하고 따라하기 위해 노력한다면 세상은 조금씩 달라질 수 있다. 크리스천의 비즈니스 노하우가 사람들에게도 인정받게 된다. 크리스천들이 세상에서 고군분투하면서도 하나님의 나라를 세워나가는 비즈니스 지식은 그렇게 쌓여가는 것이다.

교회가 준비해야 할 지식 창고는 무엇인가?

교회도 마찬가지다. 미래를 위해 창고를 준비해야 한다. 그렇다면 교회가 준비해야 할 창고는 무엇인가? 교회도 이제는 시대의 변화를 수용해야 한다. 복음의 본질이야 변하지 않지만 세상은 변했다. 급하게 변해가고 있다. 교회가 변화를 수용해야 포스트모더니즘 시대를 사는 현대인들을 전도할 수 있다.

사도 바울은 단 몇 사람의 영혼을 얻기 위해서 자존심을 모두 포기했다고 자신의 복음 전도방법을 고백한다. 유대인들에게는 유대인같이, 율법 없는 자에게는 율법 없는 자와 같이, 약한 자들에게는 약한 자같이 여러 사람에게 여러 모습이 되어 마치 줏대 없이 흐느적거리는 사람처럼 된 이유가 있다고 했다. "아무쪼록 몇 사람이라도 구원하고자 함이니"(고전 9:22). 교회가 이제 이런 바울의 마인드를 가지고 미래의 창고를 준비해야 한다.

빌은 이른 바 불량학생이었다. 늘 헝클어진 머리에 구멍 난 청바지만 입고 다녔고, 신발은 안 신고 다녔다. 대학가 앞에서 4년 동안 내내 그런 모습을 보이고 다녔다. 그러나 그의 눈에는 총명함과 무언가 신비로운 생각으로 가득 차 있었다. 그런 빌이 대학을 다니는 동안 그리스도를 영접했고, 건너편 길가에 있는 교회에 나갔다. 그 교회의 교인들은 대학생들을 위해 무언가 하길 원했지만 어떻게 할 줄 몰라 답답해하고 있었다.

어느 날 빌이 그 교회의 예배에 참석했는데, 역시 맨발이었고 머리는 헝클어진 채였다. 예배는 시작되었고 좌석은 꽉 차 있어서 빌은 앞쪽으로 계속 나갔는데, 마침 자리가 없었다. 그러자 빌은 강단 앞에 있는 빈 공간의 카펫에 털썩 주저앉았다. 그때 뒤쪽에 앉아 있던 한 분이 천천히 일어나서 앞으로 걸어갔다. 팔순의 나이에 늘 정장을 하고 회중시계를 차고 다니는 분이었다. 그가 의자에서 일어나 앞으로 걸어 나가자 교인들은 '저 점잖은 어르신이 버릇없는 청년에게 어떻게 하든 그분을 비난할 수는 없어. 저 연세에 저토록 점잖으신 분이 어떻게 저런 대학생을 이해할 수 있겠어'라고 생각했다.

지팡이가 바닥을 두드리는 소리가 조용히 나면서 목사님도 예배 진행을 멈추어 교회 안에 정적이 흘렀다. 모든 교인의 시선은 그 집사님에게로 향했다. 빌의 곁에 간 집사님은 지팡이를 바닥에 내려놓았다. 그리고 빌의 옆에 힘겹게 앉는 것이었다. 그날 예배당에 있던 교인들은 모두 감동으로 목이 메었다. 마침내 정신을 차리신 목사님이 설교를 시작했다. "여러분은 오늘 제가 할 설교는 금방 잊어버려도 방금 보신 일은 결코 잊지 못할 것입니다"
(잭 캔필드·빅터 한센 외 지음, 「사랑하는 가족에게 읽어주고 싶은 이야기」, 두란노 펴냄, 42-43쪽, 레베카 맨리 피퍼트의 글을 발췌함).

이 이야기를 전에 서울의 한 대학교 앞에 있는 교회에서 청년부를 6년간 섬기다가 사임할 때 주일 오후예배에서 고별설교를 하며 나누었다. 요즘 세상 사람들은 한국교회를 향해 불만이 많다. 우리가 수긍하고 반성할 부분도 많지만 때로는 심한 억지도 있다. 그런데 오늘 우리 한국교회가 회복해야 할 참된 지식은 바로 이런 '수용성'이라고 나는 생각한다. 예수님이 세리와 창녀들의 친구로 불린 엄연한 사실을 기억하고, 교회도 세상을 향한 지식의 창고를 준비해야 한다. 창고는 문을 열어야 저장할 수 있다.

교회는 마음을 열고 세상적인 모습으로 살아가는 그 사람들을 받아들일 준비를 시작해야 한다.

우리는 우리의 비전을 이루는 일에 적합한 이런 '지식의 창고'를 준비해야 한다. 어떤 창고를 준비해야 할지 우리는 잘 알고 있다. 곡식이 썩지 않도록 창고를 준비하며 저장했던 요셉처럼 우리도 세상 사람들을 유익하게 할 '지식의 알곡'들을 차곡차곡 쌓아두어야 한다. 직장인은 직장인의 일에 합당한 창고를, 주부는 주부의 일에 합당한 창고를 준비하면 된다. 학생은 오늘 공부하면서 미래의 창고를 준비하는 것이다. 모든 사람이 지식을 준비할 수 있다. 그래서 우리의 비전을 이루고 세상을 풍요롭게 하여 하나님의 손에 올려드릴 수 있는 날까지 우리는 침묵정진해야 한다.

C·H·A·P·T·E·R·11

세상을 변화시키는 한 사람의 위대한 힘

요셉과 예수님, 팔려 죽었으나 팔아 살렸다
돈 많이 벌고 높은 지위에 오르면 성공한 것인가?
오늘 정직하지 않으면 내일은 더더욱 어렵다
크리스천이 세상 사람들보다 더 노력해야 할 이유?

* * * * *

구약시대에 예수님을 미리 보여주는 예표(豫表)가 많이 있다. 요셉의 인생도 대표적인 예수님의 예표 중 하나인데, 요셉 인생의 특징인 '비즈니스'와 관련해서도 예표를 발견할 수 있다. "팔려가 죽었다가 팔아서 사람들을 살렸다"는 점에서 요셉은 예수님의 생애와 닮아 있다. 물건이나 서비스를 팔고 사는 것은 인간 사회의 가장 기본적인 행위 중 하나이다. 파는 사람이나 사는 사람이 서로 적당하게 유익을 보도록 거래가 성사되는 것이 바람직하다.

그런데 간혹 못 팔 것을 파는 사람들이 있다. 사람이 사람을 파는 인신매매나 노예제도와 같은 인간 사회의 몹쓸 행위들이 있었고, 지금도 존재한다. 이렇게 사람을 파는 행위는 그 사람을 사람이 아닌 물건 취급하는 것으로 인격적인 살인이다. 그런데 간혹 이런 몹쓸 일을 당하면서도 자신이 당한 일에 복수하는 것이 아니라 오히려 자기를 팔았던 그 사람들을 살려낸 사람이 있다. 요셉이 바로 그런 사람이었고, 예수님도 마찬가지였다.

요셉과 예수님, 팔려 죽었으나 팔아 살렸다

요셉은 형들에게 노예로 팔려 사람들의 기억 속에서 잊혀갔다. 요셉을 미워하여 죽이려던 형들이 유다의 중재로 은 20개를 받고 요셉을 팔았던 것이다. 아버지는 요셉이 죽은 줄 알았고, 형들도 요셉이 죽어주거나 그들의 생활권에서 영영 사라져주기를 바랐다. 그러나 요셉은 10여 년 동안 죽을 고생을 하면서 자신을 준비했다. 그가 할 일이 있었다. 팔려서 죽은 줄 알았던 요셉의 '복수'가 남아 있었다.

상담학적으로 본다면 요셉은 극한 분노와 반항을 표출하면서 좌절하고 낙담하기 딱 좋은 사람이었다. 형들에게 미움받아 아픈 상처로 고통스러웠는데, 충성을 다했던 상사의 아내의 모함으로 투옥되었다. 그를 신임했던 주인 보디발이 자신의 말을 믿어주지 않던 거절감 또한 겪어야 했다. 또 감옥에서 꿈을 해석해준 바로의 한 측근 관리는 요셉을 도와주겠다고 했으면서도 2년 동안이나 까맣게 잊고 있었다.

이렇게 연거푸 상처를 받아가면서 요셉은 인생에서 준비를 했다. 거의 죽음과 같은 극심한 상처를 계속 받으면서 요셉은 세상을 향해 이를 갈고 복수하는 대신 세상을 살릴 준비를 했다. 자신이 팔려서 애굽에 왔지만 요셉은 자신이 팔 것이 무엇인가 생각하며 성실하게 배우고 최선을 다해 일했다. 보디발의 집에서나 감옥에서나 요셉은 자신이 팔 수 있는 것, 세상에 내어놓을 것이 무엇인가 생각하고 준비했다. 총리가 된 요셉은 곡식을 모았다. 연속 7년의 흉년이 오기 전 7년 풍년 동안 곡식을 잘 저장했다. 그는 곡식을 저장하는 방법을 알고 있었다. 그래서 흉년이 들고 나름대로 저장한 자기들의 곡식을 다 먹은 후 굶주리는 애굽 사람들과 이웃 나라 사람들에게 곡식을 팔았다.

그렇게 곡식을 팔아서 요셉은 거의 죽을 뻔한 세상 사람들을 살려냈다. 요셉이 살려낸 사람들 중에는 요셉을 팔아서 거의 죽게 했던 형들을 포함해 고향의 가족들이 있었다. 너무나 통쾌한 일이 아닌가! 나를 팔아 거의 죽게 한 사람들이 있는데, 내가 준비한 것을 팔아서 거의 죽을 수밖에 없는 그 사람들을 살려낸 것이다. 세상은 나를 팔았지만 나는 그 세상을 구해낸 것이라면 이보다 더 속 시원한 '복수'가 어디 있겠는가?

바로 예수님이 이렇게 요셉처럼 팔려서 죽었으나 팔아서 살리신 분이었다. 그분도 역시 요셉처럼 유다에게 팔렸다. 요셉보다는 50퍼센트 비싸게(?) 은 30에 팔린 예수님은 십자가 위에서 처참하게 죽임을 당하셨다. 그러나 예수님의 생애는 그렇게 끝나지 않았다. 베드로가 쓴 편지에 보면 이때 죽임당하신 예수님이 영의 상태로 지옥에 있는 영들에게 복음을 전하러 내려가셨다고 한다(벧전 3:19). 팔려서 죽임당하신 예수님이 준비하신 것이다. 요셉이 노예로 팔려서 죽은 것 같은 시절에 묵묵히 팔 것을 준비한 것처럼 예수님도 세상의 구원을 위해 팔 것을 준비하셨다. 하나님의 능력으로 죽음에서 부활하신 예수님은 요셉처럼 세상을 향해 파셨다.

하나님의 아들이신 그분이 세상을 위해 준비한 것, 바로 '복음'을 세상에 내어놓으셨다. 이 복음은 세상을 살려내는 것이다. 요셉은 기근의 때에 곡식을 저장해 세상을 살려냈는데, 예수님이 파신 복음은 영혼과 육체의 모든 영역에서 세상 사람들을 살린다. 예수 그리스도, 그분이 나의 죄를 위해 십자가에 달려 죽임당하신 것을 믿으면 우리는 영원히 산다.

돈 많이 벌고 높은 지위에 오르면 성공한 것인가?

이렇게 비록 팔려갔지만 세상을 위해 준비한 자원을 팔아 세상을 살린 요셉은 결국 인생에서 성공하여 세상에 영향력을 미쳤다. 그의 성공은 어떤 의미가 있는 것인가? 성공을 통한 요셉의 인생 수업을 살펴보자.

요셉은 감옥에서 급하게 '외출'을 나온 그날 당장 애굽 제국의 총리에 임명되었다. 13년간 억울한 일도 많이 당하며 고생했으니 대기만성이라고 할 수도 있겠고, 사람들이 볼 때는 벼락출세가 아닐 수 없었다. 그러나 요셉은 그런 신데렐라가 될 만한 자격이 있었다. 성경은 요셉이야말로 위기에 처한 애굽 제국을 이끌어 갈 만한 사람이었다고 입증하고 있다. 애굽의 왕 바로가 요셉의 지혜와 명철을 인정했고, 총리에 오른 요셉은 애굽 땅을 순찰하는 것부터 시작하여 기근으로 인한 피해를 최소화하기 위한 국가 정책을 차근차근 수행해 나갔다.

세상에 진정한 영향력을 미치는 성공은 단순히 돈을 많이 벌거나 높은 지위에 오르는 것이 아니다. 나는 우리 시대에 가장 중요한 영향력은 '온전한 인격' 이라고 생각한다. 이것은 정직과 신실함, 온전함을 모두 포함하는 전인적인 인격을 말하는 것인데, 두 마음을 품지 않고 하나인 사람의 모습이다. 일할 때나 교회에서 예배를 드릴 때나 다르지 않은 사람의 자세를 말한다. 돈을 많이 벌어서 자선사업하고 기부 많이 한다고 세상에 영향력을 미치는 것은 아니다. 그가 돈을 버는 과정에서 바람직하고 올바른 선택을 했는지, 과연 진정으로 사람을 생각하고 의로운 비즈니스 활동을 했는지도 살펴봐야 한다. 요셉은 이런 의미에서 진정한 성공, 온전한 성취를 이루었다고 볼 수 있다.

나의 아들이 초등학교 3학년 때의 일이다. 아내가 아들을 야단치고 있었다. 책가방을 뒤집으니 온갖 딱지와 가짜 종이 돈다발, 아바타 스티커가 빽빽하게 붙어 있는 노트 등이 바닥에 수북하게 쌓이는 것이었다. 공부는 안 하고 딱지치기만 한다고 온갖 야단을 맞으면서도 어떤 방법으로 그렇게 많은 딱지와 종이돈을 모았는지 추궁했지만 아들은 끝내 묵비권을 행사했다.

아내에게 실컷 야단을 맞고 구석에 앉아 있는 아들에게 내가 살짝 물어보았다. 나는 궁금했다. 10만 원짜리 수표들이 고무줄로 묶인 것이 여러 다발 있었다. 그래서 그 돈의 액수가 얼마나 되는지 정말 궁금했다. 5천만 원에서 6천만 원쯤 된다고 하는 아들에게 어떻게 그렇게 많이 모았느냐고 부러운 듯이 물어보았다. 그러자 아들은 고백하듯 이야기를 풀어나갔다. 그런데 그 이야기를 들으며 눈물이 날 지경이었다.

아들은 당시 인기 있던 아바타 스티커를 비슷한 종류별로 한꺼번에 싸게 사서 일주일쯤 거래를 하지 않는다고 했다. 그러면 값이 올라가는데, 그때 비싸게 팔아서 돈을 번다고 했다. 일종의 매점매석이긴 하지만 수요공급의 법칙을 아는 녀석이었다. 그것보다 더 안타까운 돈 벌기 방법은 레슬링 시합이었다. 그날의 대진표를 정해서 남자 아이들끼리 쉬는 시간에 레슬링을 하는데, 첫 게임의 경우 돈을 10만 원쯤 건다. 토너먼트 방식인 경기의 판돈은 회를 거듭할수록 점점 많아지고, 물론 이기는 사람이 다 가져가는 것이다. 그런데 상금보다 더 짭짤한 수입은 좋은 기술을 걸었을 때 관전하던 친구들이 주는 '팁'이라는 것 아닌가! 체구도 작은 녀석이 큰 아이들을 이기기 위해 얼마나 애를 썼을까 생각하니 눈물이 날 지경이었다. 무릎에 난, 뭔가에 쓸리고 살짝 살점이 떨어져나간 상처들이 그렇게 레슬링으로 돈을 버느라고 얻은 영광의 상처였다. 이야기를 한바탕 쏟아놓은 아들 녀석이 말했다.

"아빠, 나 돈 많이 벌고 싶어요."

"가짜 돈 말고 진짜 돈을?"

"예, 진짜 돈을 많이 벌고 싶어요."

'이 녀석이 벌써 돈 맛을 아는 것인가?' 걱정이 되면서 그날 나는 아들을 마음껏 축복해주었다.

"그래, 너 돈 많이 벌어라. 돈 많이 벌어서 부자되라. 아빠가 축복하니까 돈 많이 벌어라."

그리고 이런 내용으로 단서를 달면서 꽤 긴 설교를 했다.

"대한아, 만약에 네가 돈을 많이 벌어서 너 하나 잘 먹고 잘 살고 기껏해야 아빠나 호강시켜주려고 한다면 아빠가 지금 돈 많이 벌라고 축복해준 것 취소야. 돈 많이 벌어서 그 돈으로 하나님의 나라를 세우고 세상을 구원해야 한단다. 사람들을 살려야 한다. 돈을 벌 때도 정직해야 하고, 쓸 때도 정직해야 해. 그것이 예수님을 믿는 우리와 세상 사람들의 차이란다."

그리고 아들에게 요셉이 돈을 많이 벌었던 이 이야기를 해주었다. 요셉은 7년 풍년 후의 7년 흉년 기간에 엄청난 돈을 벌었다. "요셉이 곡식을 팔아 애굽 땅과 가나안 땅에 있는 돈을 모두 거두어들이고 그 돈을 바로의 궁으로 가져가니 애굽 땅과 가나안 땅에 돈이 떨어진지라"(창 47:14-15). 개역한글 성경은 요셉이 돈을 번 것을 "돈을 몰수히 거두었다"고 표현하는데, 더욱 실감이 난다. 돈이 다 떨어진 애굽 백성들이 와서 먹을 것을 주지 않으면 죽겠다고 하소연을 했고, 결국 가축과 토지로 돈을 대신했으며, 나중에는 백성들 스스로 바로의 종이 되었다. 결국 애굽과 가나안 땅, 즉 고대 근동지역에서 돈이 말라버렸다고 한다.

그러면 그렇게 많은 돈을 요셉은 어떻게 처리했는가? 그 돈을 바로의 궁궐로 가져갔다고 한다. 국고에 환수시켰다는 이야기다. 창세기를 기록한 사람에게 그 모습이 너무나 인상적이었다. 엄청난 돈, 그야말로 현찰을 자루에 쓸어 담으면서 마차로 실어 날랐을 것이다. 그 많은 돈을 요셉이 모두 국가 재정으로 정확하게 편입시키더란 말이다. 이 사실은 너무나 귀중한 모습이다. 요셉의 이런 정직함이 결국 애굽 제국의 성장과 발전에 큰 기여를 했을 것은 당연하다. 하나님을 섬기는 사람이 돈을 벌 때 어떻게 해야 하는지를 보여준다.

이렇게 돈 문제에 정직하다 보니 요셉은 애굽의 법을 새롭게 만들고 국가시스템을 갖추는 일을 할 때도 무리가 없었다. 법대로 규칙에 따라 정직하게 일하다 보니 새로운 정책을 입안하고 시행해도 여론의 반발이 없었다. 요셉은 애굽의 모든 가축을 국유화했고, 애굽의 모든 토지도 바로의 소유가 되도록 조치했다. 모든 재산의 중앙집권화는 가난한 백성들을 양산하여 심할 경우

폭동을 불러올 가능성도 배제할 수 없었다. 그런데 요셉은 나머지 흉년 기간에도 백성들에게 곡식을 나누어주면서 일하게 하고, 정당하게 세금을 거두어 들였으니 그런 염려를 하지 않아도 되었다. 또한 모든 재산의 중앙집권적 국유화는 비정상적인 경제활동이라는 비난을 받을 수도 있었다. 하지만 7년간의 흉년이 계속되는 국가 비상사태인 상황에서 이보다 나은 경제정책이 어디에 있었겠는가?

요셉은 정책을 펴는 데도 일관된 원칙을 가지고 있었다. 바로 그의 온전함을 보여주는 모습이었다. 땅을 국유화할 때 예외 규정이 있어서 제사장들의 땅은 제외했다. 제사장들은 나라에서 녹을 받는 일종의 공무원들이었기 때문이다. 이런 전통이 지금까지 이어오고 있다. 공익이 강조되는 미국 사회에서도 비영리법인, 종교법인의 면세 전통은 오늘까지 이어지고 있다.

또한 요셉은 애굽 땅의 모든 가축을 거두어들인 후 가나안에서 이주한 형들의 탁월한 목축 기술을 활용해 관리했다. 일종의 아웃소싱인데, 모든 가축을 다 그렇게 했는지는 미지수이지만 적어도 궁궐의 가축들은 바로의 요구로 형들에게 관리를 위탁했다(창 47:6). 목축을 천시하여 기술 발달이 늦은 애굽의 상황에서 요셉은 측근인 형들의 직업적인 노하우를 살려서 결국 애굽의 낙후한 목축업 발전에도 기여했다.

이렇게 요셉은 그 많은 돈을 다루면서도 정직하게 처리하니 책

잡힐 일이 없었고, 정책을 펼 때도 반발이 없었으며, 형제들에게 일거리를 주고도 특혜 시비가 없었다. 정직함은 이렇게 중요하다. 돈 문제에서 깨끗한 것은 인생에서 큰 자산이 아닐 수 없다. 정치 현장이나 학계, 연예계, 심지어 종교계에서도 돈 문제로 나가떨어지는 사람들을 자주 볼 수 있다. 우리는 요셉에게 정직함을 배워 하나님의 사람이 진정으로 성공하는 모습을 보여줄 수 있어야 하겠다.

오늘 정직하지 않으면 내일은 더더욱 어렵다

요즘 우리나라 경영계에서도 윤리경영을 표방한다. 사람들은 흔히 세상에서 비즈니스를 할 때 정직하면 손해 보는 것이 당연하다고 말한다. 통계적으로 본다면 정직해서 손해 보는 경우가 더 많기는 할 것이다. 하지만 차근차근 정직하다 보면 그 정직함이 그 사람의 인격이자 삶의 미덕임을 보여줄 수 있다. 그런 인격은 미래를 보장해준다. 한두 번 거래하고 말 것이 아니라 10년, 20년 장기적으로 거래할 것이라면 정직해서 손해 본다는 주장을 다시금 생각해봐야 한다. 거래할 때 상대방이 겉과 속이 다르지 않은 온전한 사람, 오늘이나 내일이 다르지 않을 것 같은 사람과 거래하고 싶어 하는 것은 당연하다. 그런 의미에서 지속적인 정직은 바로 능력이고 강점이다. 정직하면 당장은 손해를 볼지 몰라도 시간이 흘러도 정직을 유지한다면 그 신뢰는 그 사람의 탁월한 능력으로 인정받는다.

정직함이라는 분명한 가치를 가지고 일해도 우리는 일터에 기여할 수 있고, 세상에 영향력을 미칠 수 있다고 생각한다. 우리 주변에 권력을 가진 사람들이 재물에 대한 욕심으로 인해 파멸하는 경우를 얼마든지 볼 수 있다. 사람들은 왜 자기가 이미 갖고 있는 대단한 '힘'에 만족하지 못하는 것일까? 사실 둘 중 한 가지를 얻는 것도 쉽지 않다. 권력을 가졌으면 그것으로 만족해야지 돈까지 거머쥐려고 하니 탐욕이 아닐 수 없다. 권력이 돈과 결부되면 지저분해진다. 권력의 참된 가치를 상실해 버리고 만다.

정직함과 온전함이라는 분명한 가치가 하루아침에 형성되는 것은 아니다. 높은 지위에 오르고 많은 돈을 벌게 된 요셉이 만약 어릴 때부터 정직한 태도를 보이지 못했다면 그 큰 유혹 앞에서 의연하기가 쉽지 않았을 것이다. 우리는 요셉이 이전에 아버지의 집이나 보디발의 집, 그리고 감옥에 있을 때도 정직했음을 추정해 볼 수 있다. 집에서 목동으로 일할 때도 형들의 비리, 일종의 돈 문제와 연관된 일에 대해서 요셉은 그냥 넘어가지 않았다. 잘못된 돈이 새어나가는 것을 용납할 수 없었다. 보디발의 집에서 일할 때도 보디발이 자기 집안의 재정문제를 포함한 모든 문제를 다 맡기고 아무것도 간섭하지 않았던 것을 보면 요셉은 돈 문제에서 철저하고 분명한 자세를 보였을 것이다. 감옥 안의 일에 대해서도 모든 책임을 졌던 것을 보면 요셉이 재정문제에서 얼마나 청렴했을지 상상할 수 있다.

우리도 재정에 관한 문제를 이렇게 연습하지 않으면 안 된다. 내가 오늘 다루는 몇 천만 원, 몇 억 원을 가지고 정직하지 못하면 하나님이 내게 수백억 원, 수천억 원을 맡기실 리가 없다. 특히 우리의 직업세계에 부정부패가 심하고 비리구조가 관행화되어 있는 상황에서 우리 크리스천 직업인들이 재정적으로 흠이 없는 태도를 통해 일터에 기여하는 것은 너무나 중요하다. 정직한 자가 일터에 기여할 수 있다. 정직하지 못하고 힘을 가져봐야 웃음거리밖에 되지 않는다.

특히 재정적인 측면에서 정직하기 위해 우리는 늘 겸손히 기도하며 노력해야 한다. 돈 그 자체가 문제가 아니라 "돈을 사랑하는 것"이 모든 악의 뿌리이다(딤전 6:10). 달라는 것을 하나님이 다 주셨다는 통 큰 야베스의 기도가 우리 시대를 휘젓고 있지만 마음을 모으고 잠언 속 아굴의 기도를 해보지 않겠는가? "내가 두 가지 일을 주께 구하였사오니 내가 죽기 전에 내게 거절하지 마시옵소서. 곧 헛된 것과 거짓말을 내게서 멀리 하옵시며 나를 가난하게도 마옵시고 부하게도 마옵시고 오직 필요한 양식으로 나를 먹이시옵소서"(잠 30:7-8). 가난하거나 부하지 않고 자족하는 삶을 살기 원하면서 우리가 돈 문제에서 떳떳하고 정직하면 우리의 일터와 세상이 복 받을 수 있을 것이다.

오늘 우리 사회는 정직하게 살고자 하는 사람은 오히려 시대에 뒤떨어진 사람이거나 모자란 사람으로 매도한다. 거짓된 수단을 통해서라도 돈만 많이 버는 사람을 똑똑하고 성공한 사람으로 추켜세운다. 우리 사회의 전반을 관통하는 못된 성공지상주의, 황금만능주의 사고방식 때문이다. 이런 못된 생각에 우리도 물들어 있지는 않은가? 세상에서 우리 크리스천들이 정직한 것만으로도 하나님은 영광을 받으신다는 사실을 꼭 기억하자. 비록 세상의 기준으로 크게 성공하지는 못했더라도 정직함과 온전한 인격만으로도 우리는 일터와 세상에 기여할 수 있다.

크리스천이 세상 사람들보다 더 노력해야 할 이유?

결국 요셉은 애굽과 가나안 사람들뿐 아니라 고대 근동의 많은 사람들에게 곡식을 팔아 바로에게 엄청난 부를 안겨 주었다. 정직함뿐만 아니라 많은 매출을 통해 일터에 기여할 수 있었다. 이것 또한 중요하다. 그러나 이런 요셉의 능력이 무원칙적이거나 무자비한 것은 아니었다. 이미 언급한 대로 제사장들의 토지는 사지 않았다. 물론 그들은 땅을 팔 필요가 없기도 했지만 요셉이 욕심을 부리지 않았다는 뜻이기도 하다. 마음만 먹으면 얼마든지 그 땅도 국가의 소유로 삼을 수 있었을 것이지만 요셉은 그렇게 하지 않았다. 이렇게 요셉은 매출 확대를 위해 노력하되 정도(正道)를 걸었다. 매출 목표달성이 유일한 지상과제가 아니었다는 뜻이다.

또한 요셉은 결국 소작인, 더욱 정확히 말하면 바로의 종이 된 백성들에게 땅과 종자까지 제공해주고 농사를 짓게 한 후 소출의 20퍼센트만 세금으로 내게 했다. 토지와 제반비용을 대주고 20퍼센트의 세금만 받는 것은 백성들에게 상당한 배려를 한 것이 분명하다. 당시 주변 국가들에서는 소출의 절반을 지주의 몫으로 했던 것을 생각하면(수십 년 전만 해도 우리나라에서도 지주와 소작인이 추수한 곡식을 반씩 나누었다) 요셉의 토지법은 농민들에게 매우 관대했다. 요셉의 정책은 그야말로 사람들을 살리는 정책이었다.

아울러 이런 원칙이 애굽의 토지법이 되었다(창 47:26). 모세가 이 글을 기록할 때에도 그런 조세제도가 유지되었다. 주석가 카일&델리취가 헤로도투스(Herodotus)를 인용해 주석하는 것을 보면 그 이후에도 장기간 요셉의 토지정책이 애굽에서 시행되었다고 한다. 요셉이 일하면서 세운 조세관리시스템은 이렇게 애굽의 많은 백성들을 유익하게 했다. 우리도 우리의 능력을 통해 일터의 구조를 확고히 세우고, 일터의 전통을 확립할 수 있다. 요즘 우리 사회는 변화의 시대이기에 아이디어와 새로운 지식이 강조되고 있다. 이런 상황에서 능력 있는 직업인이란 일터의 체계와 시스템, 전통과 문화를 세우는 일에까지 영향력을 미치는 사람이다.

하지만 우리 크리스천들에게는 핸디캡이 있는 것이 사실이다. 크리스천들은 주일 성수도 해야 하기에 믿지 않는 동료들에 비해 자기계발을 할 시간이 적은 것이 현실이다. 많은 열심 있는 크리스천들이 예배와 봉사 등으로 오히려 안식하기 힘든 날이 주일이지만, 믿지 않는 동료들은 충분히 쉬거나 아니면 일을 하고 자기계발을 하는 날이 일요일이다. 그래서 그들과 경쟁하기가 쉽지 않다.

그러니 '자신만의 능력'을 찾는 것이 중요하다. 다른 사람들과 겨루어 1등을 하는 것은 쉽지 않고 소수만 성취 가능하지만, 자기만의 독특한 분야를 개척하여 전문적인 능력을 키우는 것은 바람직하면서도 더 수월하다. 이렇게 우리도 전문적인 능력을 함양하여 요셉처럼 일터에 기여해야 한다. 그러면 우리 크리스천 직업인들로 인해 우리의 일터가 변할 것이다. 이것이 우리가 세상에 미칠 수 있는 탁월한 영향력이자 진정한 능력이다. 이것이 바로 하나님이 기뻐하시는 참된 성공 아니겠는가!

요셉이 하루아침에 애굽 제국의 총리에 임명된 것은 대단한 성공임이 틀림없다. 사람들이 그렇게 생각했을 것이고, 요셉 또한 가슴 벅찬 성공에 잠을 이루지 못했을 수도 있다. 하지만 요셉이 자신의 성공을 노력에 대한 보상이나 자신이 누릴 영광으로 생각하지 않았다는 점은 분명해 보인다. 요셉은 총리의 지위가 하나님의 비전을 이루기 위한 좋은 수단임을 잘 알고 있었다. 요셉은 자신의 지위를 통해 애굽 백성을 기근에서 구해내는 사명을 감당해야 함을 잘 알고 있었다. 또한 하나님의 백성을 구하는 책임이 자신에게 주어져 있음을 잘 알았고, 그 사실을 형제들에게도 여러 차례 이야기했다(창 45:5, 50:20).

요셉이 자신의 지위에 대한 이해를 분명히 하다 보니 그는 무리하거나 무례하지 않은 바람직한 '2인자 리더십'을 잘 보여주었다. 가나안에 살던 가족들을 애굽으로 이주시킬 때 요셉은 혼자 결정하지 않고 바로에게 허락을 얻고 그의 명령을 받는 형식을 취해 일을 추진했다(창 45:16-20). 형제들의 이주와 같은 이런 개인적인 문제는 요셉이 결정할 수도 있는 문제였으나 요셉은 바로의 결재를 받아내는 형식을 취했다.

나중에 가족들이 내려왔을 때도 요셉은 바로에게 보고했다. "내 아버지와 내 형들과 그들의 양과 소와 모든 소유가 가나안 땅에서 와서 고센 땅에 있나이다"(창 47:1). 그리고 형들 다섯 명을 선발하여 바로를 만나게 하고, 미리 준비한 과정을 통해 가족들의 고센 행을 이끌어내고, 궁궐의 가축에 대한 전문적인 관리 책임도 맡게 했다. 이후에 요셉은 아버지 야곱을 바로에게 인도하여 소개하고, 아버지가 바로를 축복하게 했다(창 47:2-10).

이렇게 가족들의 이주에 관한 일을 처리한 일에 대해서 창세기 기자는 이렇게 설명하고 있다. "요셉이 바로의 명령대로 그의 아버지와 그의 형들에게 거주할 곳을 주되 애굽의 좋은 땅 라암셋을 그들에게 주어 소유로 삼게 하고 또 그의 아버지와 그의 형들과 그의 아버지의 온 집에 그 식구를 따라 먹을 것을 주어 봉양하였더라"(창 47:11-12).

애굽 정부의 모든 실권을 양도받은 요셉이었지만 이렇게 무례하지 않고 절차를 밟아서 일했다. 그의 리더십은 '2인자 리더십'이라고 할 수 있는데, 실무책임을 가진 사람이 적절하게 일하는 모델이 아닐 수 없다. 특히 요셉의 입장에서는 가족들을 좋은 땅 라암셋으로 인도하여 거주하게 한 것에 대한 특혜시비를 차단할 수 있는 지혜로운 일처리 방식을 보여주는 것이기도 했다. 그의 온전함(Integrity)을 보여주는 모습이다.

애굽과 가나안에 기근이 들었을 때 야곱은 애굽에 곡식이 있다는 소문을 듣고 아들들에게 이렇게 야단쳤다. "너희는 어찌하여 서로 바라보고만 있느냐"(창 42:1). 열 명의 형들은 그렇게 눈치만 보고 있을 때 요셉은 무엇을 하고 있었는가? 그는 꿈이 없던 형들과 달리 꿈을 갖고 살았던 사람이다. 그때 이미 성공해 있었다. 성공을 누리면서 세상 사람들을 살리고 있었다. 풍년 때 잘 저장해둔 곡식을 팔아서 사람들을 살리면서 영향력을 행사하고 있었다. 그 한 사람, 요셉 때문에 결국 수많은 사람들이 살 수 있었다. 오늘 우리 크리스천들도 바로 이런 성공을 추구하면서 세상을 향한 멋진 영향력을 행사해야 한다. 한 사람의 성공이 세상 사람들을 충분히, 그리고 멋지게 살려낼 수 있다!

C·H·A·P·T·E·R·12

갈등을 푸는
크리스천다운 비결은?

뼈아픈 범죄와 상처의 기억은 오래간다
용서하려면 먼저 인생의 비전을 기억하라
용서하려면 하나님에게 나아가 이야기하라
용서는 책임 있는 후속조치로 완성된다

* * * * *

야곱의 가족들이 애굽에 정착한 지 17년이 지난 후 아버지 야곱이 세상을 떠났다. 두려워하던 형들이 요셉에게 사람을 보냈다. 아버지 야곱이 형들에게 복수하지 말고 용서하라고 했다는 아버지의 유언을 전했다. 그 말을 듣고 요셉이 울었다. 요셉이 왜 울었을까? 아마도 형들이 거짓말을 했던 것 같다. 만약 아버지 야곱이 자신이 죽은 후 형제들간의 갈등을 염려했다면 어떻게 했을까? 형들의 말처럼 아버지가 형들을 불러 "요셉에게 형들을 용서하라고 이야기하라"고 했겠는가? 아버지 야곱은 요셉만 불러서 신신당부했을 것이다. "요셉아, 형들의 잘못이 컸고 네가 마음이 많이 아팠겠지만 이 애비를 봐서라도 내가 죽은 후 형들을 용서하고 잘 돌봐다오."

그런데 요셉은 들어보지도 못한 이야기를 형들이 하고 있으니 안타까웠던 것이다. 용서는 정말 힘들다는 것을 요셉은 깨달았다. 요셉의 생각에 그 문제는 17년 전에 이미 다 해결된 줄 알았다. 그런데 아픔과 상처가 여전히 남아 있다가 불쑥불쑥 마음을 괴롭혔다. 용서하는 것은 이렇게 힘든 것인가?

뼈아픈 범죄와 상처의 기억은 오래간다

왜 요셉이 곡식을 사러 온 형들을 만났을 때 그들을 정탐꾼으로 몰고 시므온을 가두고 그 긴 여행을 반복시키면서 형들에게 베냐민을 불러오라고 했던가? 왜 돌아가는 길에 베냐민의 곡식 자루에 자신의 은잔을 집어넣어 도둑으로 몰고 그를 노예로 삼겠다고 으박질렀던가? 형들이 22년 전에 증오하여 죽이려다가 노예로 팔았던 동생 요셉처럼 베냐민을 팽개치고 자기들의 살길을 찾는지 요셉은 확인하려고 했던 것이다.

그때 유다가 책임감을 가지고 희생적인 변론을 하여 요셉을 감동시켰다. 베냐민은 아버지가 아끼는 아들인데 그가 돌아가지 않으면 130세나 된 아버지 야곱이 세상을 떠나고 말 것이라고 말했다. 그러니 베냐민은 형제들과 함께 돌려보내고 대신 유다 자신이 남아서 노예가 되겠다고 했다. 요셉은 유다가 평생 유일하게 사랑했던 여인 라헬의 소생을 아끼는 아버지를 이해하고, 그 아버지가 사랑하는 베냐민을 버리지 않겠다고 결심하는 희생을 확인했다(창 44:18-34).

그때 요셉도 큰 소리로 울면서 반응했고, 형들에게 자신이 요셉임을 밝혔다. 그리고 말했다. "나는 당신들의 아우 요셉이니 당신들이 애굽에 판 자라. 당신들이 나를 이곳에 팔았다고 해서 근심하지 마소서. 한탄하지 마소서. 하나님이 생명을 구원하시려고 나를 당신들보다 먼저 보내셨나이다. …하나님이 큰 구원으로 당신들의 생명을 보존하고 당신들의 후손을 세상에 두시려고 나를 당신들보다 먼저 보내셨나니 그런즉 나를 이리로 보낸 이는 당신들이 아니요 하나님이시라"(창 45:4-8).

자신의 인생 비전을 진술하는 이 말을 통해 요셉은 이미 형들을 용서했음을 선언했다. 그런데 17년이 지난 후 다시금 형들은 두려워했다. 그들은 친히 요셉의 앞에 와서 엎드려 이렇게 말했다. "우리는 당신의 종들이니이다." 그들의 두려움은 컸다. 요셉의 권력이 대단해서 마음만 한 번 잘못 먹으면 자신들이 살아남기 힘들다는 사실을 알았다. 그들은 어쩌면 진정 자신들의 죄를 뉘우치지 않았는지도 모른다. 자신들의 입지에 대한 이런 두려움이 극심했던 것을 보면 요셉의 형들은 진정한 용서를 체험하지 못하고 있었던 것 같다.

용서가 이렇게 어려운 일이다. 그래서 요셉은 그들의 두려움을 이해하고 두려워하지 말라고 위로했다. 그리고 17년 전에 형들에게 선언했던 그 말을 다시금 반복했다. "두려워하지 마소서. 내가 하나님을 대신하리이까. 당신들은 나를 해하려 하였으나 하나님은 그것을 선으로 바꾸사 오늘과 같이 많은 백성의 생명을 구원하게 하시려 하셨나니 당신들은 두려워하지 마소서. 내가 당신들과 당신들의 자녀를 기르리이다"(창 50:19-21).

용서가 얼마나 어려운 일인지 영화 〈밀양〉(Secret Sunshine, 2007)이 잘 보여준다. 이창동 감독이 기독교 작가로 불리는 소설가 이청준의 원작을 각본 재료로 삼았으니 기독교적인 배경이 된 것은 당연하다. 감독 자신이 기독교인이 아니라고 분명히 말했지만 신의 존재는 인정한다고 했다. 하지만 그가 전작 영화들에서도 기독교에 대해 언뜻언뜻 보여주던 시각이 그리 호의적이지는 않았다. 그의 영화들에 등장하는 기독교인들은 뭔가 철이 없거나 이원론적이고, 위선적인 모습까지 보여왔다. 이런 요소들 때문에 이 영화가 크리스천들에게 거부감이 있을 수 있다. 하지만 나는 이 영화를 만든 이창동 감독이 이청준의 소설 〈벌레 이야기〉의 결말인 신애의 자살로 끝내지 않고 신애를 다시 살리고 희망을 부여잡게 한 점을 오히려 감사하고 싶다.

이 영화는 신정론(神正論)의 주제를 가지고 있다. "하나님이 사랑의 신이라면 어떻게 내 아들이 그렇게 죽도록 내버려두실 수가 있어요?" 장로 부인인 약국 여의사의 전도 권유에 똑 부러지게 대답하는 신애의 말이 바로 이 영화의 주제 메시지이다.

신애는 인생의 막다른 골목까지 내몰린 가련한 여인이다. 자기를 버리고 다른 여자와 살림하던 젊은 남편이 교통사고로 죽었다. 어린 아들 준과 함께 남편의 고향 밀양으로 와서 살기로 한 선택도 막다른 골목이었다. 사실은 아는 사람이 없는 곳으로 피하고 싶었다. 소도시에서 피아노 학원을 시작한 것도 막다른 선택이었고, 자존심 상하게 하는 옷가게 주인의 비아냥거림을 못 참고 땅을 산다면서 허영심을 잔뜩 발산한 것도 구석에 몰린 여인의 슬픔을 잘 보여준다. 아들이 다니는 웅변학원의 원장이 아들을 유괴하려고 할 때 아들이 전화를 했다. 그런데 그 아들의 말을 제대로 못 알아들은 것도 그놈의 허파에 바람 들어간 자기감정을 억제하지 못한 노래방 술자리의 슬픈 몸부림 탓이었다.

그렇게 슬펐던 신애가 아들을 잃고 교회에 가서 마음의 상처를 치유받고 하나님의 사랑을 느낀다. 그곳까지 함께 따라갔던 카센터 사장 종찬이 어리벙벙해 하는 표정을 짓는 사이에 그만 신애는 하나님의 사랑(神愛)을 가슴으로 느끼게 되었다. 그리고 간증을 하고 전도에 앞장선다. 감사한 일이 아닐 수 없다. 하나님을 믿는 믿음에는 이런 즉각성이 있다. 그것 자체를 부인할 수는 없다.

그런데 신애는 모두가 말리는 용서를 실천하려고 나선다. 신앙의 성숙이 이렇게 빠른 사람은 없을 것이다. 아들을 죽인 남자가 있는 교도소로 찾아가 용서하고 '신애'(神愛)를 전하고 싶었던 신애는 '신애'(神愛)를 이해할 수가 없었다. 슬픔을 삶 전체로 겪은 자기에게 위로를 주시는 하나님이야 너무도 당연하다. 그런데 자기 학원에 오는 아이를 유괴해 죽여 놓고 돈을 흥정해 받아간 파렴치한 남자가 이미 하나님의 사랑을 체험하고 얼굴 때깔도 곱게 수도하듯 앉아 있는 모습은 이해할 수가 없었다. 자기가 용서해주러 갔는데 이미 하나님의 용서를 다 체험했다니 말이다.

목사와 교인들이 말하는 대로 아들을 죽인 살인자를 용서할 수 없는 마음이 문제가 아니었다. 햇볕 한 조각에도 담겨 있는 주님의 사랑, 어린 것을 처참하게 죽게 한 이해하기 힘든 하나님의 뜻을 깨달아야 했다. 또한 자기 마음의 고통을 치유해서 그렇게 다시 태어나는 것을 알게 해준 하나님의 섭리에 대해서 수긍하고 삶으로 겪어내는 성숙의 과정이 신애에게 필요했다. 그래서 신애는 여러 차례 질문하는 것이다. 하나님이 대답해달라고, 하나님이 계시면 이렇게 괴롭고 이해하기 힘든 일을 겪고 있는 자신을 굽어 살펴달라고 절규한다.

이 가련한 여인의 하소연과 하나님을 향한 항거는 약국의 아무개 장로를 유혹해 굳이 차 밖으로 나가서 관계를 갖자고 할 때 절정에 달한다. 누워서 하늘을 쳐다보며 이게 보이냐고 쓰리게 절규하는 그녀의 모습이 너무 슬프다. 아들의 사망 신고를 하러 가서 겪었던 그 괴로움과 통증을 수반한 구토로 신애는 하나님에게 처절하게 항의한다. 거칠고도 위험하게 그렇게 몸으로 부딪히면서 항거할 수밖에 없는 여인이 눈물 나게 가련하다.

사과를 깎아 잘게 두 번 잘라먹고 손목을 긋는 자살 시도 후 정신병원에 입원했다 퇴원한 신애는 새로운 출발을 하고 싶어서 미장원에 갔다. 그런데 거기에 아들을 죽인 살인자의 딸이 있었다. 신애의 머리를 잘라주던 그 아이와 이야기를 나누다가 그래도 자식은 불쌍해서 아버지를 대신해 신애가 돌봐주는 것으로 영화가 결국 반전을 맞아 끝나나 싶었다. 그러나 난데없이 자리를 박차고 신애가 뛰쳐나간다. 그리고 하늘을 향해 외친다. "왜 오늘, 하필 오늘 여기에…." 신애는 신애(神愛)를 수긍하기 쉽지 않았다.

얼마나 인간적이고 현실적인가? 그리고 얼마나 나와 비슷한가? 이 슬픈 여인에게만 그렇게 어려운 숙제가 아니라 어떤 인생이라도 하나님의 사랑의 깊이와 그 변주를 이해하는 것은 대단히 힘든 일이다. 용서는 이렇게 힘든 것이다. 그것은 어떻게 보면 사람의 영역이 아니다. 영화는 진정한 용서의 깊이를 깊고도 질기게 탐색해 들어간다.

그러나 결국 신애는 수긍하려고 한다. 새롭게 출발한다. 미장원을 뛰쳐나와 덜 자른 한쪽 머리를 스스로 자르면서. 아들의 사진이 한 귀퉁이에 붙어 있는 거울을 놓고 머리카락을 자르는데 어김없이 종찬이 다가와 거울을 보기 좋도록 들어준다. 잘린 머리카락이 바람에 흩날리고 강아지풀 그림자가 하늘거리는 그 수채 구멍에도 햇볕이 들었다. 은밀한 햇볕(密陽, Secret Sunshine). 따뜻하면서 희망적인 음악이 흐른다.

하나님의 섭리와 경륜에 대해 많은 신학자들이 논의해왔다. 결론은 아직 없고, 이 세상에서는 못 내릴 것 같다. 그러나 거울 한 귀퉁이에서 아들의 추억을 보면서 살아나갈 미래, 추억은 묻고 새로운 사랑과 희망을 안고 출발하는 신애에게 하나님은 대답하실 것이다. 왜 하필 그날 그곳에 '원수의 딸'이 미용사로 자신의 머리를 자르도록 하나님이 준비해 두셨는지….

그래서 이 영화는 희망적이다. 희망을 부여하고 싶다. 누가 어떤 다른 희망을 말하더라도 하나님의 사랑이라는 희망을 말하고 싶다. 말장난이지만 '신애'(信愛)가 가진 믿음과 사랑에 소망을 더해주고 싶기 때문이다. "그런즉 믿음 소망 사랑 이 세 가지는 항상 있을 것인데 그 중의 제일은 사랑이라"(고전 13:13). 오히려 희망보다 더 중요한 사랑, 신애는 장차 하나님의 사랑을 가슴으로 느끼게 될 것이다.

용서하려면 먼저 인생의 비전을 기억하라

이렇게도 쉽지 않은 용서를 실천하기 위해 어떤 노력을 기울여야 할까? 요셉은 과연 어떻게 자신이 해결해야 할 참된 용서의 문제에 접근했는지 살펴보자. 우선 형들이 찾아와서 극도의 두려움을 가지고 떨며 엎드린 모습을 보고 요셉은 자신에 대해서도 생각해봤을 것이다. 요셉의 입장에서도 지난 17년 동안 애굽에서 함께 지내면서도 형들과 지속적인 관계를 갖기가 쉽지 않았을 것이다. 요셉이 매우 바쁜 공직생활을 했을 것이고, 고센지방에 사는 형들을 자주 만나기도 쉽지 않았을 것이다. 가족들이 가나안에서 애굽으로 이주해온 후 요셉은 남은 흉년 기간 5년을 정신없이 바쁘게 보냈을 것은 당연하다. 그리고 그 후 10여 년은 피폐한 애굽 경제를 다시 일으키기 위해 애쓰느라 형제들과 시간을 충분히 갖지 못했을 수도 있다.

또한 요셉 자신은 의도하지 않았더라도 문득문득 좋지 않은 심기를 그의 얼굴에 드러냈을 수도 있다. 어린 시절에 입었던 깊은 상처가 그리 쉽게 아물 수야 있었겠는가? 아직 정리되지 못한 상처가 형들을 볼 때마다 얼굴에 나타났을 수도 있다. 아버지의 장례를 치를 때 보았던 요셉의 굳은 얼굴에서 형들은 두려움을 느꼈을 수도 있다. 그렇게 요셉은 자신의 부족한 모습을 돌아보면서 진정한 용서를 실천하기 위해 노력해야 했다. 참된 용서는 쉽지 않지만 그렇다고 불가능한 일도 아니다.

요셉이 겪었던 용서 수업을 통해 용서를 실천하는 방법을 배워보자. 그것은 네 단계이다. 첫째, 비전을 기억하기. 둘째, 비난하지 않고 침묵하기. 셋째, 기도하기. 넷째, 후속조치의 시행.

첫째, 요셉은 갈등이 생겼을 때 자신의 인생 비전을 상기했다. 이것은 우리 크리스천들이 갈등을 해결하는 전제와도 같다. 요셉이 형들에게 받은 상처나 보디발(또한 그의 아내), 술 맡은 관원장과 같은 사람들에게 당한 배신과 아픔을 치유받았다는 증거가 있다. 그것은 요셉이 그들을 향해 복수하지 않았다는 것과 인생을 해석하고 바라보는 긍정적인 안목을 지녔다는 점이다. 요셉은 형들에게 복수하지 않았다. 자신을 감옥에 넣은 보디발과 그의 아내에게도 복수하지 않았다. 아마도 요셉은 애굽의 총리로 일하면서 그 두 사람과 자주 마주쳤을 테지만 그들에게 미소지어 줄 수 있었을 것이다. 술 맡은 관원장을 좌천시키지도 않았을 것이다.

  요셉이 그들에게 복수하지 않았던 '내공'은 다름 아닌 자신의 인생 비전 때문이었다. 당시에는 몰라서 안타깝고 괴로워했지만 시간이 흐르고 보니 그 모든 고통과 좌절을 가져다준 사람들이 다 하나님의 도구였다. 증오의 눈을 부릅뜨고 동생을 팔아 돈을 나누어 챙긴 형들이 아니라 하나님이 그를 애굽으로 보내셨다. 요셉을 감옥으로 몰아넣은 요사스러운 여인도 결국 요셉이 인생의 바닥을 경험하면서 동시에 애굽의 고위 관리들을 만나게 해주는 일에 기여했다. 그렇게 요셉을 감옥으로 보내 애굽 제국의 가장 낮은 곳을 보게 하신 분도 바로 하나님이셨다. 2년 동안이나 배은망덕했던 술 맡은 관원장의 꿈에 관한 기억을 되살린 분도 바로 하나님이셨다. 그래서 요셉은 형들에게 말했다. "당신들은 나를 해하려 하였으나 하나님은 그것을 선으로 바꾸사…." 이렇게 인생의 비전을 상기하면 인생을 제대로 볼 수 있다. 마음 속 분노와 복수심이 사라진다.

우리가 앞에서 살펴본 한나도 이런 용서의 원리를 알고 있었다. 한나는 하나님에게 기도하여 낳은 아들 사무엘을 데리고 성소에 올라가지 않았다(삼상 1:21-22). 한나가 브닌나와 함께 매년제와 서원제를 드리러 성소에 가지 않은 이유는 무엇일까? 한나가 지혜로웠다. 만약 한나가 아들 사무엘을 데리고 명절에 성소에 갔다면 복수하고 싶은 마음이 들었을 것이다. 과거에 브닌나에게 당한 것을 생각하면 그렇게 복수하고 싶은 마음이 굴뚝같았을 것이다. 그러나 한나는 그런 상황을 애써 피하기 위해 성소행을 사양했던 것이라고 생각한다. 우리가 이룰 비전은 복수가 아니다. 내가 겪었던 가난에 대한 복수가 아니다. 나를 무시했던 사람들에게 보란 듯이 보여주고 싶은 과시도 아니다. 내 어머니의 한을 풀어주는 것도 아니다. 우리의 비전은 화해하고 용서하고 세워주면서 하나님의 나라를 세워가는 것이다.

갈등이 생겼을 때 하나님이 당신의 인생에 보여주신 비전을 기억하라. 갈등이 생겼을 때 당신의 상처와 갈등에만 집중하면 안 된다. 우리가 인생을 마칠 때까지 우리의 아픔과 문제는 끊이지 않는다. 그 문제가 다 풀리지도 않을 것이다. 문제와 갈등 앞에서 우리는 비전을 기억해야 한다. 내 인생을 하나님이 이끌어가면서 이루시는 하나님의 비전 말이다. 요셉의 인생 수업에 함께하신 그 생생한 비전이 바로 요셉의 모든 갈등을 해소하는 특효약이었다.

용서하려면 하나님에게 나아가 이야기하라

둘째, 용서하기 위해서는 아픈 상처가 기억날 때 그것을 다른 사람에게 가서 이야기하지 말아야 한다. 잠언 17장 9절이 용서의 두 번째 단계를 가르쳐준다. "허물을 덮어주는 자는 사랑을 구하는 자요 그것을 거듭 말하는 자는 친한 벗을 이간하는 자니라." 이 구절을 가만히 생각해보라. 용서하려면 거듭 말하지 말아야 한다. 그 사람에게 받았던 아픈 상처가 기억나더라도 그것을 다른 사람에게 가서 말하며 화풀이하지 않는 것이다. 아픈 상처는 언제나 생각날 수 있다. 예상하지 못한 때에 생각나서 속상할 수도 있다. 비가 좀 내린다고 아픈 기억이 떠오르기도 하고, 경치 좋은 곳에 가서 오랜만에 쉬어보려 하는데 화가 치밀어 오르기도 한다. 그렇게 아픈 기억이 떠오르는 것은 정상이다. 하나님이 우리에게 주신 창의성의 일부이다. 여러 생각을 함께 떠올릴 수 있다. 감사한 마음이 생기고, 그 곁가지로 미움이 싹트기도 한다.

그러나 생각이 나더라도 그것을 다른 사람에게 옮기지 않는 것은 우리의 선택이다. 마틴 루터의 말대로 새가 우리의 머리 위로 날아다니는 것은 막을 수 없다. 그러나 새가 우리의 머리에 둥지를 틀지 않도록 할 수는 있다. 아픈 기억이 떠오르고 화가 나더라도 그것을 말하지 마라. 다른 사람에게 말하지 마라. 그런데 우리는 보통 미운 사람이 생각나거나 어떤 계기로 그 일이 다시 불거져 마음 아프면 친한 사람에게 가서 말한다. 흔한 말로 그 사람을 씹는 것이다. 그러면 속이 시원해지긴 한다. 이야기를 듣는 사람은 당연히 나를 생각해주느라 그 사람에 대해 화를 내주고 맞장구도 쳐준다. "어유, 그래. 그 사람 진짜 나쁘네. 어떻게 참았어?"라며 추임새도 넣어준다. "진짜 나쁜 놈이네. 거의 미친놈 수준이네. 나도 열 받는다 야!" 그러다 보면 감정이 복받쳐 눈물이 나기도 하고, 눈물의 정화작용으로 속이 시원해지기도 한다.

그런데 그렇게 하면 그 속 시원한 기분이 얼마나 유지되던가? 나의 경험으로 보면 한 30분 정도는 기분이 괜찮다. 그러고 나면 더 아프다. 또 한 사람에게 이야기를 한 것이다. 또 한 번 참지 못하고 그것을 말했다. 이렇게 다른 사람에게 가서 말하면 영영 그 사람을 용서할 수 없다. 이야기를 하면 할수록 그 사람이 미워진다. 더 자주 그 상처가 기억난다. 그러니 참아야 한다. 말하고 싶어도 참아야 한다. 이것이 용서의 두 번째 단계이다. 하나님이 요셉의 그 파란만장한 인생역정의 과정을 통해 인생의 비전을 성취해 가셨음을 기억하면서 우리도 말과 감정으로 그 사람에게 복수하지 말아야 한다.

아니, 그러면 속 터져 죽으라는 말인가? 그렇게 아픈 기억을 친한 사람에게 말하는 이유도 찰나의 기쁨이지만 느껴보려는 것인데 그것마저 용납이 안 된단 말인가? 그렇다. 용서하기 위해서는 그렇게 하지 않는 것이 우선 중요하다. 다음 단계가 있지 않은가!

셋째, 다른 사람에게 말하는 대신 하나님에게 가서 말씀드리면 된다. 험한 세상을 살아가는 사람들이라면 어느 누구에게도 말 못할 문제로 답답한 경험을 한다. 부부나 가족이나 공동체 구성원들은 서로 소통해야 하지만 누구에게도 말하기 힘든 미묘하고 복잡한 문제가 있지 않은가? 그럴 때 그 문제를 가지고 가서 다 털어놓고 이야기할 수 있는 분이 바로 하나님 아닌가? 이런 특권을 가진 사람들을 '크리스천'이라고 한다. 크리스천이라고 하면서도 이런 특권을 활용하지 못하면 안타깝다. 우리가 누구에게 가서 그렇게 마음 놓고 엉엉 울 수 있던가? 아무에게도 말 못할 문제들을 가지고 하나님 앞에 가서 속 시원하게 울어도 좋다. 상처가 기억나서 아프고 갈등이 불거지고 화가 날 때마다, 억울해서 잠이 오지 않을 때마다 하나님에게 가서 실컷 울어도 된다. 그러면 참된 위로를 얻을 수 있다.

또한 친한 사람에게 가서 그 사람을 실컷 욕할 때와는 다른 결과를 얻을 수 있다. 사실상 친구에게 가서 이야기하는 것이나 하나님에게 가서 이야기하는 것은 크게 다르지 않다. 그런데 차이가 하나 있다. 친한 사람에게 가서 이야기할 때는 언제나 그 사람만 나쁜 사람이다. 나는 피해자이고 억울할 뿐이다. 하지만 동일한 문제를 가지고 하나님에게 기도하면 차이나는 점이 있다. 물론 하나님도 내가 하는 하소연을 다 들어주신다. 그런데 생각 속으로 하나님이 말을 걸어오시는 때도 있다. 그러면서 맞장구도

쳐주신다.

"그래, 용일아. 너 참 마음 아팠겠다. 그놈 그거 내 자녀긴 하지만 그때 잘못했네. 용일이 너 잘 참았네."

생각 속 대화가 조금 더 계속된다. 하나님이 계속 말씀하신다.

"그런데 용일아! 너 혹시 그때 그 일이 20:80이라는 생각은 안 해봤니?"

"아니, 하나님. 무슨 교통사고가 나서 사고 처리를 합니까? 20:80이게요?"

"가만히 생각해봐라. 사람들 간의 갈등관계에서 일방과실이 얼마나 되겠니? 대부분의 관계갈등은 쌍방과실이지. 그때 네가 마음 아팠던 그 상황에서 그래도 그 사람이 윗사람인데 네가 그렇게 대응하지 않고 그 사람의 위신을 조금만 세워서 대답해줬다면 그 문제가 이렇게 불거지지 않았을 게다. 용일아, 내 말 이해되니?"

다른 사람에게 가서 그 사람에 대해 말하는 것과 기도하는 것의 중요한 차이가 바로 여기에 있다. 하나님의 말씀이 옳다는 것을 알 수 있다. 기도하면 이런 생각이 든다. 그런 깨달음이 오면 십자가 앞에서 나의 연약하고 부족한 모습이 너무 부끄러워진다. 가만히 생각해보면 그리 상처받을 일도 없고 결국 내 자존심이 좀 상한 문제인데, 그것을 오래 기억하면서 수시로 끄집어내어 속상해하는 나 자신의 모습이 너무 초라해진다. 그리고 예수 그리스도의 십자가 앞에서 나의 연약함을 내어놓고 은혜를 구하게 된다. 나의 죄를 회개하고 죄 사함의 은혜를 체험하게 된다.

그리고 그 사람, 바로 나를 그렇게 마음 아프게 해놓고도 그 사실조차 모르고 아예 관심도 없는 사람 역시 예수 그리스도의 십자가 앞에서 치유받고 용서받아야 함을 깨닫는다. 그도 연약하고 부족한 사람이고, 예수님이 위로해주셔야 하는 사람이기 때문이다. 이런 깨달음과 회개기도를 거치면서 그리스도의 십자가만 가능하게 하는 용서와 치유와 위로의 경험을 하게 된다. 하나님이 조금씩 치료해 나가신다.

요셉은 틀림없이 이런 과정을 통해서 하나님의 치유를 경험했을 것이다. 요셉의 상처는 깊었다. 여러 차례 찔린 곳을 또 찔리는 고통을 겪었다. 그래서 더욱 아팠을 것이다. 나중에 형들을 만나 위로하면서도 "당신들이 나를 이곳에 팔았다"(창 45:5), "당신들은 나를 해하려 하였다"(창 50:20)고 하면서 자신의 아픔을 사실 그대로 표현했다. 요셉은 그 깊은 상처들을 치유받았다. 하나님의 비전을 기억하고 자신을 향한 섭리와 경륜을 헤아렸다. 하나님에게 가서 기도하며 이야기하는 방법으로 치유받았을 것이다. 20여 년 동안 가족들과 떨어져 객지생활을 했던 요셉의 상황에서는 하나님에게 기도하는 방법 외에는 다른 사람에게 가서 아픈 상처를 이야기할 만한 여건도 없었다.

요셉은 그렇게 해서 자신의 상처를 치유받아 결국 인간관계에서도 놀라운 성공을 거두며 사람들을 감동시킬 수 있었다. 하지만 용서는 이렇게 기도하고 하나님에게 치유받기만 하면 완성되는 것이 아니다. 마지막 단계가 남아 있다.

용서는 책임 있는 후속조치로 완성된다

넷째, 책임 있는 후속조치가 필요하다. 참된 용서는 신앙적이고 정서적인 치유에 뒤따르는 의지적인 후속조치를 통해 완성된다. 용서가 진정으로 이루어졌는지, 그렇지 못했는지 확인할 수 있는 것이 바로 이 후속조치이다. 이것은 책임 있는 행동의 변화를 보여주는 것이다. 요셉은 형들에게 더 이상 두려워하지 말라고 하면서 간곡하게 위로했는데, 그 위로를 확증하는 방안으로 약속을 한다. 바로 이것이다. "당신들은 두려워하지 마소서. 내가 당신들과 당신들의 자녀를 기르리이다"(창 50:21).

형들이 두려워하고 염려한 것이 바로 이 점이었다. 요셉이 형들에게 복수하여 생활의 근거를 빼앗거나 더 이상 돌봐주지 않을지 모른다는 염려였다. 그 염려를 분명하게 잠재우는 후속조치를 요셉은 확실하게 약속했다.

그렇다면 요셉은 이런 약속을 실제로 지켰는가? 창세기 50장 22~23절이 그 사실을 입증해준다. "요셉이 그의 아버지의 가족과 함께 애굽에 거주하여 백십 세를 살며 에브라임의 자손 삼대를 보았으며 므낫세의 아들 마길의 아들들도 요셉의 슬하에서 양육되었더라." 아버지가 돌아가신 후 요셉의 삶을 설명하면서 요셉의 후손들에 대해 이야기하고 있다. 물론 요셉이 형제들과 그 가족들을 계속해서 잘 돌봐주었을 것이고, 그랬기에 430년의 애굽생활이 끝난 후 출애굽할 때 이스라엘 백성들이 장정만 60만 명에 이르는 큰 민족으로 성장할 수 있었다. 그렇게 요셉이 형제들과 그 가족을 돌본 사례 하나를 창세기 기자는 창세기 마지막 부분에 기록하고 있다.

여기서 므낫세의 아들 마길의 아들들에 대한 기록을 주목해야 한다. 왜 요셉은 증손자들에 해당하는 마길의 아들들을 데려다 친히 양육했을까? 아마도 요셉의 손자인 마길이 일찍 세상을 떠났기 때문에 요셉은 마길의 아들들을 친히 데려다 양육했던 것으로 보인다. 그런데 마길은 요셉의 아들 므낫세가 첩으로 둔 아람 여인의 소생이다. 마길의 아들들은 길르앗과 베레스, 세레스 등이었다(대상 7:14-17). 요셉은 비록 아들의 첩이 낳은 손자의 소생이지만 그들이 어려움을 겪었을 때 외면하지 않고 도와주었다.

그런데 요셉이 다른 형제들의 후손들을 데려다 기른 것도 아니고, 자기의 증손자들을 데려다 양육한 것이 형제들에 대한 약속의 사례가 될 수 있을까 의아할 수도 있다. 그런데 다른 형제들의 후손에게는 특별히 다른 어려움이 없었던 것으로 보인다. 성경이 없는 이야기를 만들어서 기록할 수야 없지 않은가? 이렇게 요셉이 마길의 아들들을 데려다 양육한 것은 의미 있는 일이었다. 요셉이 형제들에게 약속한 후속조치를 친히 보여주었기 때문이다.

그러면 그렇게 요셉에게 양육받은 마길의 아들들은 어떻게 되었을까? 요셉이 그들을 데려다가 잘 양육한 증거를 성경은 보여주고 있다. 마길의 아들 중에는 길르앗이 있었고, 그를 통해서 마길의 후손들은 므낫세 지파에서 영향력을 행사하는 종족으로 성장했다. 이후 성경에서 마길에 대한 언급이 여러 차례 나오는데, 사사기 5장 14절은 마길의 후손들이 므낫세 지파에서 어떤 역할을 했는지 설명해주고 있다. "에브라임에게서 나온 자들은 아말렉에 뿌리 박힌 자들이요 베냐민은 백성들 중에서 너를 따르는 자들이요 마길에게서는 명령하는 자들이 내려왔고 스불론에게서는 대장군의 지팡이를 잡은 자들이 내려왔도다." 마길의 후손들은 지파의 족장이 되었고, 지파를 인도하는 리더들이 되었음을 알 수 있다.

이렇게 요셉은 자신의 약속을 그저 형식적으로만 지키는 것이 아니라 충실하게 이행했다. 이렇게 요셉처럼 의지적인 결단을 통해 용서의 뒷마무리를 책임 있게 감당할 때 우리의 용서는 우리의 공동체를 든든하게 세우는 역할을 할 것이다. 용서해야 할 관계가 있고, 치료받아야 할 상처가 있는 것을 두려워하지 말자. 우리 공동체에서 생기는 갈등을 해결하고 참된 인간관계를 이루기 위해서도 이런 구체적인 용서가 필요하다.

감정적으로 용서가 완전히 이루어진 뒤에야 이런 후속조치를 하겠다고 생각하면 우리는 평생 용서하지 못할 것이다. 쌍방이 서로 함께 용서하는 화해의 단계까지 가는 일은 꿈꿀 수도 없다. 의지적으로 용서하기 위해 노력하면서 기도하면 감정적인 용서가 선물로 따라온다. 이 원리를 명심해야 한다. 감정적으로 용서가 완벽하게 되면 내가 손을 내밀어 화해를 요청하겠다고 생각하지 마라. 그것은 용서의 미덕을 제대로 이해하지 못한 것이다. 감정에 앞서서 의지적인 노력을 시도하다 보면 가슴 찡한 감동을 느끼며 진정한 용서를 체험할 수 있다. 앞뒤를 바꿔 생각해야 한다. 그래야 우리는 진정한 용서를 통해 인생의 묘미와 기쁨을 누릴 수 있다. 예수님이 십자가를 통해 허락해주시는 진정한 용서를 체험하면 정말 살맛난다. 미움과 원망으로 망가졌던 몸도, 피폐했던 영혼도 회복되어 천국을 누릴 수 있다.

C·H·A·P·T·E·R·13

모든 족속이 너로 인해 복을 받을 것이라

아픈 기억은 잊고 창성하게 될 세상을 바라보라
대를 이어 전해오는 축복의 언약을 성취하라
크리스천의 정체성을 갖고 어딜 가나 복덩이로
당신은 인생의 종착지를 기억하며 사는가?

* * * * *

야곱이 임종 전에 열두 명의 아들에게 했던 축복을 보면 요셉은 많은 괴롭힘을 당하며 살았음을 알 수 있다. "활쏘는 자가 그를 학대하며 적개심을 가지고 그를 쏘았으나"(창 49:23). 그러나 요셉은 결국 선조의 축복을 이어 언약을 전수하는 족장으로 임명받았다. "네 아버지의 축복이 내 선조의 축복보다 나아서 영원한 산이 한 없음같이 이 축복이 요셉의 머리로 돌아오며 그 형제 중 뛰어난 자의 정수리로 돌아오리로다"(창 49:26).

요셉의 생애를 돌아보면 야곱이 임종 시에 예언하고 축복한 내용이 겹쳐 보인다. 요셉은 형제들에게 미움받아 노예로 팔렸고, 충성을 다했던 직장상사 보디발에게 오해를 받고 결국 배신당했다. 보디발의 아내와는 피치 못할 인생의 쓴 뿌리를 나누어 가지게 되었다. 감옥에 함께 있다가 복직한 술 맡은 관원장이 요셉을 구해주기로 하고는 2년 동안이나 잊고 지낼 때에도 요셉은 외롭고 상처 입은 한 마리 새였다. 우리는 앞에서 요셉이 비전과 관련하여 상처를 치유받은 점을 나누었다. 그 치유의 과정을 또 다른 각도로 확인할 수 있다. 요셉이 온의 제사장 보디베라의 딸 아스낫과 결혼하여 낳은 아들들의 이름에서 상처의 치유와 함께 후세를 향한 요셉의 비전과 축복을 발견할 수 있다.

아픈 기억은 잊고 창성하게 될 세상을 바라보라

요셉은 첫 아들의 이름을 므낫세라고 지었다. '망각'이라는 뜻이다. 무엇을 말하는가? 요셉은 잊기로 한 것이다. 무엇을 잊으려고 했는가? 요셉은 과거에 자신이 겪었던 그 아픈 기억들은 다 잊어버리기로 결심했다. 물론 아무리 잊으려 해도 다 잊히지 않았을지 모른다. 그 깊은 상실과 관계 단절의 상처가 쉽게 잊혔겠는가? 채색옷을 벗겨 찢던 형들, 요셉을 구덩이에 던져 넣을 때 보았던 형들의 증오에 찬 눈빛들이 불쑥불쑥 기억났을 것이다. 하지만 그 모든 아픔을 잊으려고 노력했다. 아들의 이름을 '므낫세'라고 지어 계속 부르면서 요셉은 잊기로 결심했다.

인생에는 언제나 슬픔만 계속되는 것은 아니다. 살다 보면 기쁨도 있기에 아픈 과거를 잊어버리기로 결심하면 잊힐 수 있다.

애굽의 총리가 된 요셉이 예언했던 대로 일곱 해나 연거푸 어마어마한 풍년이 들기 시작했다. 이때 요셉이 얼마나 기뻤겠는가? 요셉의 예언이 그대로 이루어졌다. 예언 탓에 풍년이 든 것은 아니지만 누구에게나 좋은 풍년이 계속되자 요셉은 사람들의 주목을 받으면서 큰 기쁨을 누렸을 것이다.

또한 요셉은 둘째 아들 에브라임의 이름 속에 인생의 비전을 분명히 담고 있다. '창성함'이라는 뜻이다. 가장 가깝게는 하나님이 알려주신 대로 7년 동안 연속해서 풍년이 들어 이루게 될 번성을 뜻하는 것이었다. 또한 그 이후에 임할 7년간의 극심한 흉년을 이겨내고 이루게 될 애굽의 국가적인 번영을 이름 속에 담았다. 그리고 궁극적으로 하나님의 언약을 따라 '창성하게' 될 이스라엘 민족의 미래와 그로 인해 복 받을 세계를 바라보고 있는 것이다. 이렇게 요셉의 인생에서 '므낫세'와 '에브라임'은 단순한 이름 짓기가 아니었다. 자신의 정체성에 대한 분명한 인식과 더불어 하나님이 주신 비전을 후세대를 통해서도 이루겠다는 확신과 기대를 담고 있는 것이다.

우리 크리스천들 역시 하나님이 주신 인생의 비전을 어떤 형태로든 명문화해서 늘 되새길 필요가 있다. 요셉처럼 이름 속에 인생의 비전을 담는 것은 매우 바람직한 작명이다. 부르기 힘든 이름이거나 개명이 필요해 보이지 않던 사람이 하루아침에 이름을 바꾸는 경우가 나의 주변에도 있었다. 직장인들과 이야기를 나누다 보면 자녀 이야기를 할 때 작명하는 사람에게 돈을 내고 이름 글자를 받았다고 말하는 사람들이 있다. 그러면 나는 그들에게 부모가 인생의 비전과 소망을 담아서 자녀의 이름을 지어주는 것이 좋다고 권한다.

우리 집 아이들의 이름은 '대한'과 '소정'이다. 아이들의 이름 속에 우리 부부의 꿈과 아이들에게 바라는 소망을 담았다. '대한'은 우리나라 이름의 약자이면서, 으뜸가는(元) 큰(大) 나라(韓)는 바로 하나님의 나라를 말한다. 우리 민족과 하나님의 나라를 위한 일꾼이 되라고 아들의 이름을 지었다. '원대한'이라는 형용사 그 자체만으로도 모든 사람과 명사를 빛내주기도 한다. 사람들이 나를 '원대한 아빠'라고 부르면 꽤 괜찮은 아빠처럼 들린다. '원대한 비전'을 가져야 한다고 설교하는 목사님은 우리 아들의 비전을 이야기해준 것이기도 하다!

딸의 이름은 소정(素淨)인데, 소정(小丁)은 본래 '작은 일꾼'이라는 뜻으로 나의 호이다(아무도 그렇게 불러주지 않지만 대학시절에 그렇게 지어보았다). 그것을 한자만 바꾸어 세상을 희고 깨끗하게 변화시키는 일꾼이 되라고 딸의 이름을 지었다. 우리 집의 가훈이 '진실, 순수, 열정'인데 그 내용도 딸의 이름 속에 담아주었다.

세상 속에서 비전을 가지고 살아가는 하나님의 자녀들이라면 하나님이 주신 비전을 이루겠다는 결심과 기대를 늘 확인하면서 살아야 한다. 요셉이 므낫세와 에브라임을 늘 부르면서 자신의 비전을 상기했듯이 나도 우리 아이들의 이름을 통해 세상 속에서 일터사역으로 하나님의 나라를 세워가는 비전을 상기하고 싶었다.

대를 이어 전해오는 축복의 언약을 성취하라

어릴 때부터 아버지의 사랑을 받으며 자랐던 요셉은 증조할아버지 아브라함과 할아버지 이삭, 그리고 아버지 야곱을 통해 전해지는 축복에 대해서 잘 알고 있었을 것이다. 아버지 야곱은 수시로 요셉에게 조상들의 이야기를 해주었다. 족장 후보였던 요셉은 그 이야기들을 반복해서 듣고 또 들었다.

하나님이 아브라함에게 주신 복에 대해서 요셉은 잘 알고 있었을 것이 틀림없다. "내가 너로 큰 민족을 이루고 네게 복을 주어 네 이름을 창대하게 하리니 너는 복이 될지라. 너를 축복하는 자에게는 내가 복을 내리고 너를 저주하는 자에게는 내가 저주하리니 땅의 모든 족속이 너로 말미암아 복을 얻을 것이라"(창 12:2-3). 여기서 "땅의 모든 족속이 너로 말미암아 복을 얻을 것이라"는 축복은 요셉이 애굽을 다스리면서 이룬 일이다. 분명하게 그 축복이 요셉을 통해 세상에 전해졌다. 물론 궁극적으로는 예수 그리스도를 통해 인류에 전해지는 구원의 축복으로 꽃피게 될 것이었다.

그리고 할아버지 이삭이 야곱에게 해주었던 축복도 요셉은 알고 있었다. "내 아들의 향취는 여호와께서 복 주신 밭의 향취로다. 하나님은 하늘의 이슬과 땅의 기름짐이며 풍성한 곡식과 포도주를 네게 주시기를 원하노라. 만민이 너를 섬기고 열국이 네게 굴복하리니 네가 형제들의 주가 되고 네 어머니의 아들들이 네게 굴복하며 너를 저주하는 자는 저주를 받고 너를 축복하는 자는 복을 받기를 원하노라"(창 27:27-29). 여기서 "만민이 너를 섬기고 열국이 네게 굴복하리니"라는 축복은 바로 요셉 자신에게 해당되는 것이 아니던가?

이후에 요셉은 애굽에서 장사 지내지 말고 조상의 묘지에 장사해달라는 아버지 야곱의 마지막 부탁을 이행하기로 맹세했다(창 47:27-31). 그 일이 있은 후 아버지가 병들었다는 말을 듣고 요셉은 애굽 궁궐이 있던 멤피스에서 아버지가 계신 고센까지 두 아들을 데리고 갔다. 아버지 야곱은 그 자리에서 므낫세와 에브라임을 자신의 아들처럼 삼아 각각 축복해주겠다는 선언을 하여 요셉의 장자권을 인정했다(창 48:5, 대상 5:1 참조). 장자에게는 형제들보다 두 배의 유산을 주는 율법에 따라 두 지파가 요셉의 아들들로부터 탄생한 것이다.

야곱은 므낫세와 에브라임을 축복했다. "내 조부 아브라함과 아버지 이삭이 섬기던 하나님 나의 출생으로부터 지금까지 나를 기르신 하나님 나를 모든 환난에서 건지신 여호와의 사자께서 이 아이들에게 복을 주시오며 이들로 내 이름과 내 조상 아브라함과 이삭의 이름으로 칭하게 하시오며 이들이 세상에서 번식되게 하시기를 원하나이다"(창 48:15-16). 야곱이 손을 엇바꾸어 아이들의 머리에 얹으면서 동생 에브라임의 머리에 오른손을 얹자 요셉의 마음이 좋지 않았으나 그것 역시 하나님의 뜻이었다. 야곱은 "하나님이 네게 에브라임 같고 므낫세 같게 하시리라"(창 48:20)고 하면서 에브라임을 앞세웠다.

이렇게 족장들의 언약 전수 라인을 통해 전해지는 축복에 대해 잘 알았던 요셉은 그의 임종 시에도 그의 형제와 후손들에게 미래에 대한 하나님의 약속을 전했다. "요셉이 그의 형제들에게 이르되 나는 죽을 것이나 하나님이 당신들을 돌보시고 당신들을 이 땅에서 인도하여 내사 아브라함과 이삭과 야곱에게 맹세하신 땅에 이르게 하시리라 하고 요셉이 또 이스라엘 자손에게 맹세시켜 이르기를 하나님이 반드시 당신들을 돌보시리니 당신들은 여기서 내 해골을 메고 올라가겠다 하라 하였더라"(창 50:24-25).

애굽에서 90년 이상을 살았던 요셉은 자신이 죽더라도 이스라엘 백성들을 하나님이 인도하실 줄 믿고 있었다. 또한 하나님이 약속하신 땅, 아브라함과 이삭과 야곱에게 맹세하신 땅으로 그의 후손들을 이끌어주실 것을 확신했다. 요셉은 오랫동안 자신이 애굽의 총리로 있었기에 당장은 애굽이 이스라엘 백성들이 살기에 좋은 땅일지 몰라도 그곳이 영원한 거주지가 아님을 분명히 알고 있었다. 아브라함과 이삭과 야곱을 뒤이은 족장으로서 요셉은 이스라엘 백성들이 다시 가나안으로 돌아가는 일을 내다보고 있었다.

이것이 바로 바울이 말한 우리 크리스천들의 정체성, 즉 '세상과 하늘나라'의 이중 시민권을 가지고 살아가는 우리의 모습을 보여준다. "그러나 우리의 시민권은 하늘에 있는지라. 거기로부터 구원하는 자 곧 주 예수 그리스도를 기다리노니"(빌 3:20). 요셉은 평생을 살면서 자신의 비전을 꿈꾸고 이루었을 뿐만 아니라 자신이 죽은 후에도 계속해서 확장되어가는 하나님의 나라에 대한 인식을 분명히 하고 있었다.

이런 분명한 비전과 언약에 대한 이해가 오늘 우리에게도 필요하다. 세상에서 살아가면서도 우리 자신의 꿈과 하나님 나라의 상관관계에 대한 분명한 인식을 해야 한다. 우리는 우리의 생명이 다하는 날까지 세상에서 주어진 사명, 구체적으로 직업의 분야에서 하나님이 맡기신 일을 감당하면서 하나님의 나라를 위해 매진하는 삶을 살아야 한다. 그리고 우리의 후배들이나 자녀들도 역시 인생의 동일한 종착지를 꿈꾸고 대를 잇는 비전을 가지고 살아가도록 권면해야 한다.

크리스천의 정체성을 갖고 어딜 가나 복덩이로

이런 분명한 인생의 목적지를 아는 요셉이었기에 그는 가는 곳마다 복의 근원으로 살 수 있었다. 요셉은 그가 가는 곳은 어디든지 "땅의 모든 족속이 너로 말미암아 복을 얻을 것이라"(창 12:3)는 언약처럼 복을 유발하는 '복덩이'의 역할을 했다. 요셉이 가서 머물렀던 곳은 노예로 일하는 곳이든지, 감옥이든지, 애굽 궁궐이든지, 어느 곳에서나 하나님이 요셉으로 인해 그곳에 복을 주셨다.

요셉과 함께 있던 사람들은 왜 자신들이 복을 받는지 확실하게 알았다. 대표적인 사람이 애굽 왕 바로의 친위대장 보디발이었다. 보디발은 자기가 산 히브리 노예가 얼마나 행운을 가져다주는 복덩이였는지 확인하고는 자다가도 벌떡 일어나 흐뭇해했을 것이다. "그의 주인이 여호와께서 그와 함께 하심을 보며 또 여호와께서 그의 범사에 형통하게 하심을 보았더라"(창 39:3). 보디발은 요셉으로 인한 호전 효과를 분명하게 눈으로 확인했다고 창세기 기자는 기록한다. 구체적으로 이런 모습이었다. "그가 요셉에게 자기의 집과 그의 모든 소유물을 주관하게 한 때부터 여호와께서 요셉을 위하여 그 애굽 사람의 집에 복을 내리시므로 여호와의 복이 그의 집과 밭에 있는 모든 소유에 미친지라"(창 39:5).

보디발의 집에 하나님이 복을 내리신 것은 보디발 때문이 아니었다. 이 보디발은 이웃 나라를 정복하면서 많은 사람들을 죽여

손에 피를 묻힌 사람이었다. 또한 그의 아내는 음탕하고 사악한 요부였다. 그 집이 복 받을 이유는 전혀 없었다. 그런데 하나님이 그 집에 복을 주신 이유는 바로 요셉 때문이었다. 요셉이 복덩이였다. 하나님이 아브라함에게 말씀하신 복, 즉 "땅의 모든 족속이 너로 말미암아 복을 얻을 것"이라는 언약이 구체적으로 실현된 것이다.

이후에 요셉이 감옥에 들어갔을 때나 애굽의 총리가 되어 세계에 하나님의 통치를 드러낼 때 요셉은 그가 있는 곳에서 복 그 자체가 되었다. 오늘 우리에게도 이런 은혜가 임해야 한다. 하나님이 복을 주신 우리의 모습이 우리가 일하는 곳, 우리가 살아가는 세상에까지 파급되어야 한다. 물론 힘들다. 견디기도 힘든 세상에서 복덩이 역할을 하려면 갖추어야 할 것이 많다. 그러나 우리가 노력해야 한다.

폴 스티븐스 박사는 「참으로 해방된 평신도」에서 요셉이 가졌던 정체성에 대해 이야기한다(IVP 펴냄, 95-97쪽). 요셉이 애굽의 총리라는 사실을 모르는 형들이 곡식을 사러 왔을 때 요셉은 자신의 정체를 숨겼다. 이것은 일종의 연기를 한 셈이다. 그러다가 요셉은 자신의 정체를 밝힌다. 특히 요셉은 자신을 밝힐 때 "나는 요셉이라"(창 45:3)고 이야기하고 있는 점이 이채롭다. 이 말은 그동안의 양면성에 종지부를 찍은 것으로 자신의 정체를 분명하게 드러내는 선언이었다. 요셉의 형들이 요셉을 볼 때 그는 사브

낫바네아라는 이름을 가진 애굽인이었다. 애굽의 실세 서열 1위인 권력자이자 국무총리였다. 하지만 요셉은 그런 정체를 가지고 애굽에서 살고 있었지만 하나님 가족의 일원이었고, 흩어진 성도의 한 사람이었음을 잊지 않았다는 뜻이다. 요셉은 형들에게 자신의 이름을 밝히면서 이런 정체성을 분명히 드러냈다.

비록 타국인 애굽에서 20여 년을 살았지만 요셉은 자신의 정체성을 잃지 않았다는 뜻이다. 그는 왜 애굽에 가 있는지, 그리고 형들이 왜 지금 그의 앞에서 머리를 숙이고 있는지 잘 알고 있었다. 요셉이 이렇게 자신의 정체성을 분명히 가질 수 있었던 것은 그에게 하나님의 섭리에 대한 분명한 믿음이 있었기 때문이다. 요셉은 자신이 애굽에 팔려온 것이 하나님의 섭리 때문이었다고 고백했다. 하나님이 가족들의 생명을 구하기 위해 요셉 자신을 미리 보내셨다는 사실을 깨닫고 있었다.

그렇다면 과연 오늘 우리는 세상 속에서 어떻게 크리스천의 정체성을 드러내고 있는가? "나는 성도 아무개라." "나는 크리스천 아무개라." "나는 하나님의 자녀 아무개라." 이렇게 우리의 정체성을 고백하고 있는가? 물론 우리는 험한 세상을 살아가면서 헤매고 좌충우돌할 수 있다. 좌절하고 넘어질 수도 있다. 그러나 우리 크리스천들은 자신이 '요셉'임을 잊지 말아야 한다. 오늘 우리가 사는 세상 속으로 우리를 보내신 하나님의 뜻을 분명하게 인식하고, 자신의 정체성을 분명하게 견지하면 우리의 인생에도 분명한 희망이 보일 것이다.

당신은 인생의 종착지를 기억하며 사는가?

우리가 세상을 살아가면서 가져야 할 정체성은 인생의 마지막을 보는 관점인 종말의식과도 관계가 있다. 고대 애굽 사람들은 잔치를 열 때마다 이상한 '손님'을 꼭 초대하여 함께 음식을 먹었다고 한다. 식탁 위에 해골이 하나씩 놓여 있었는데, 그것은 그들이 먹고 마시는 동안에도 죽음을 기억해야 한다고 경고하기 위함이었다. 그들은 인생 뒤에 죽음이 있음을 늘 기억하며 살려고 했다. 만약 우리가 이 땅에서 인생을 즐기느라 죽음에 대해 생각하지 못하고 하나님이 자신에게 주신 비전과 사명에는 관심 없는 삶을 산다면 삶의 목적을 잃은 것이 분명하다.

이스라엘 사람들은 애굽의 고센 땅에서 번성하는 삶을 누렸다. 김홍전 박사의 요셉에 관한 설교를 보면 이 부분의 이야기를 상세하게 해주고 있다. 요셉이 의도적으로 가족들을 인도한 고센 땅은 나일강 삼각주의 하류에 위치한 지역으로 애굽 사람들이 거주하지 않는 미개척지이기도 했다. 목축을 기피하는 애굽 사람들에게 목초가 풍부한 고센 땅은 별다른 중요성이 없었지만 목축을 주로 하던 야곱의 가족들에게는 매우 매력적인 땅이었다. 더구나 그 지역은 인구가 증가해도 개간하여 정착할 수 있을 만큼 땅이

넓었기에 야곱의 가족들이 큰 민족으로 성장하기에 좋은 지역이었다. 바로 이렇게 미래를 내다볼 수 있는 통찰력이 요셉에게 있었다(「하나님의 백성 이삭, 야곱, 요셉」, 성약출판사 펴냄, 380-381쪽).

요셉은 이스라엘 백성들을 풍요로운 땅 애굽으로 이끌어서 한 민족으로 성장시키는 중요한 군사작전의 척후병 역할을 해냈다. 그래서 야곱의 가족들이 애굽에 정착한 지 430년이 지난 후 이스라엘 백성들은 큰 민족으로 성장하여 출애굽할 수 있었다.

이렇게 고센은 이스라엘 백성들에게 중요한 땅이었지만 그곳이 그들 인생의 목적지는 아니었다. 앞에서도 언급한 대로 죽음을 앞둔 야곱이 자신의 시신이 묻힐 곳에 대해 말하는 것을 보면 알 수 있다. 요셉에게는 증조할아버지 아브라함 때부터 전해 내려오는 약속의 땅이 있었으며, 지금 자신은 그곳에 가지 못하지만 언젠가 후손들이 그곳에 가야 할 것을 죽기 전에 분명하게 강조했다(창 47:29-30).

그렇다면 오늘 우리가 그리워해야 할 약속의 땅은 어디인가? 바로 우리 인생의 목적지인 천국이 아닌가? 오늘 우리는 그 약속의 땅을 소망하면서 살고 있는가? 야곱은 자신의 죽음을 조상들에게로 '돌아가는' 것이라고 표현했다(창 49:29). 이같이 우리 성도들에게 있어서 죽음은 끝이 아니며, 새로운 삶을 시작하는 관문이다. 그렇다면 오늘 우리가 세상에서 하루하루 일하며 살아가는 것은 천국에 들어가기 위한 죽음을 의미 있게 맞을 준비를 하는 것이다.

하나님 나라의 구성원 모두가 추구해야 할 목적을 향해 가야 하는데, 앞서 가는 사람이 있고 뒤에 남는 사람이 있다. 그래서 언약의 전수가 중요하다. 아브라함은 이삭에게 언약을 전했고, 이삭은 야곱에게 언약을 전수했다. 야곱은 요셉에게 언약을 전수했고, 요셉도 자녀들에게 언약을 남겼다. 이것은 신앙의 유산(Legacy)에 관한 문제이다. 오늘 우리도 부모로서 우리가 추구하며 살아가던 비전을 우리 자녀와 후배들에게 맡겨주고 가야 한다.

게리 토마스는 그의 책 「부모학교」의 13장에서 '떠나보내기'에 대해 이야기한다. 사실 예수님은 겁먹은 제자들의 손에 교회를 맡기려니 걱정이 많으셨을 텐데 기꺼이 십자가로 가셨고, 성령님을 통해 완벽한 영향력을 행사하셨다. 부모는 자녀에 대해서 늘 염려하지만 하나님을 의지함으로써 염려를 다스려야 한다. 자녀들의 독립과정은 빨리 진행되기에 통제하려 하기보다는 영향력의 유산을 남겨야 한다고 그는 강조한다.

떠나보내는 것 중에는 사별과 같은 견디기 힘든 슬픔도 있는데, 부모가 먼저 세상을 떠날 때나 하나님이 먼저 불러 가셔서 자녀를 앞세우게 될지라도 두려움보다 하나님에 대한 믿음과 소망을 가져야 한다. 누가 먼저 이 땅을 떠나 영원에 들어갈지 아무도 모르지만 우리는 죽더라도 잠시 헤어질 뿐이기에 낙담하지 않아야 한다.

게리 토마스는 그 한 예로 암 진단을 받고 세상을 떠나는 마샤라는 여인이 자신의 죽음을 준비하고 자녀들에게 편지와 선물을 남겨놓아 진정한 안식을 가르친 이야기를 소개한다. 특히 나이 어린 딸에게는 생일과 졸업, 결혼과 같은 인생의 중요한 통과의례의 시기에 편지와 자신의 액세서리를 선물로 남겨놓았다. 그렇게 함께하고 있다는 느낌을 딸에게 남겨주었다(CUP 펴냄, 304-307쪽).

마찬가지로 우리 자녀들에게 우리가 가진 비전을 전수할 수 있어야 한다. 하나님의 나라를 세우는 원대한 비전은 하루아침에 이룰 수 있는 것도 아니고, 나 혼자 고군분투한다고 해서 다 이룰 수 있는 것도 아니다. 나의 한평생과 내 자녀의 한평생을 보태어 노력해도 아직 많은 부분이 남아 있을 것이다. 그것은 또 손자와 증손자가 계속 이어나가는 것이다. 자녀뿐만이 아니라 공동체의 후배들이 계속 비전의 성취를 위한 노력을 이어가게 하는 일이 선배로서 반드시 완수해야 할 사명이다.

요셉은 애굽에서 숨을 거두면서 이스라엘 백성들이 애굽에 영구적으로 머무르는 것이 아님을 강조하기 위해 애썼다. 아마도 자신의 유골을 매장하지 않은 채 백성들이 볼 수 있도록 전시하게 한 것으로 보인다. 요셉이 110세로 애굽에서 죽었을 때 "그의 몸에 향 재료를 넣고 애굽에서 입관"(창 50:26)했다고 한다. 이것은 미라를 만든 것으로 볼 수 있다. 백성들은 요셉의 유골을 그렇게 눈으로 직접 보면서 가나안으로 돌아가야 할 그들의 비전을 상기했을 것이다. 요셉의 유골은 그 자체가 이스라엘 백성들이 성취할 비전에 대한 좋은 교보재 역할을 했다. 그래서 출애굽을 할 때에는 요셉의 유언대로 모세가 요셉의 유골을 가지고 나갔다(출 13:18-19).

이 기록은 하나님이 아브라함에게 주셨던 언약을 애굽 땅에서 지내던 이스라엘 백성들이 430년 동안이나 잊지 않고 전달받았다는 사실을 말해준다. 그들은 대를 이어 하나님의 나라를 이룰 꿈을 꾸었고, 수백 년이라는 오랜 세월이 지난 후에도 계속 그들의 꿈을 이어가고 있었다.

사실 한 사람이 평생을 살면서 혼자 해낼 수 있는 일은 그리 많지 않다. 내가 모든 것을 다 하겠다는 생각은 만용일 가능성이 높다. 그러니 내가 못하더라도 나의 자녀들이 하고 후배들이 한다면 우리는 함께 하나님의 언약을 성취하고 하나님이 아브라함에게 약속하신 대로 땅의 모든 족속이 복을 받는 일의 성취를 볼 수 있을 것이다. 그 성취를 보기 시작한 사람이 요셉이었다. 우리도 요셉을 이어 복의 근원이 되어 이 세상을 하나님의 손에 올려드릴 수 있다.

요셉은 어린 시절에 하나님이 그에게 주신 비전을 붙잡고 평생 노력했던 사람이다. 그 비전의 성취는 궁극적으로 이스라엘 백성들을 보호하고 하나님의 나라를 세우는 것, 그래서 하나님의 통치를 세상에 드러내는 것이었다. 한마디로 "땅의 모든 족속이 너로 말미암아 복을 얻을 것이라"(창 12:3)는 아브라함의 언약을 이루는 삶이었다. 요셉은 애굽 사람들에게 복 그 자체였다. "너는 복이 될지라"(창 12:2)고 했던 그 언약 그대로 요셉은 세상 사람들에게 복의 근원이 되었다.

우리 크리스천들이 세상에서 살아가면서 이루어야 할 사명이 바로 요셉의 사명 아니겠는가? 요셉이 삶을 통해 보여준 축복 수업을 우리도 계속해나가야 한다. 그래서 우리를 통해 세상 사람들이 복을 받게 하는 것이다. 죽을 수밖에 없던 그들이 하나님을 바라보고 구원받게 하는 것이다. 수많은 세상 사람들이 나로 인해 복을 받아 하나님의 백성이 되는 놀라운 역사를 우리는 체험할 수 있다. 그러면 우리가 바로 21세기의 요셉이다! 라헬이 세속적인 욕심으로 지어주었던 아들의 이름 '요셉', "하나님이여, 더하소서"라는 이름 뜻이 진정 세상을 복되게 하는 의미로 전환되었다. 요셉은 세상에 복에 복을 더하는 삶을 살았다. 우리도 기도하며 하나님이 허락하신 귀한 인생 수업에 참여할 수 있다.

"하나님이여, 세상에 복을 더하소서. 하나님의 아들 그리스도로 인해 구원의 은총을 더하소서. 제가 복의 근원이 되겠습니다. 저를 통해 세상 사람들에게 귀한 복을 내려주소서. 그 모든 역사를 통해 하나님께 영광을 돌립니다. 할렐루야! 아멘!"

■ 나의 신앙 고백 1

이 책을 읽고, 요셉의 인생 수업 가운데
가장 도전받았던 부분은 어디인지,
그 이유는 무엇인지 나의 영적 일지를 적어보세요.

....

....

....

....

....

....

....

■ 나의 신앙 고백 2

이 책을 읽고, 요셉의 인생 수업 가운데
가장 도전받았던 부분은 어디인지,
그 이유는 무엇인지 나의 영적 일지를 적어보세요.

....

....

....

....

....

....

....

■ 나의 신앙 고백 3

이 책을 읽고, 요셉의 인생 수업 가운데
가장 도전받았던 부분은 어디인지,
그 이유는 무엇인지 나의 영적 일지를 적어보세요.

....

....

....

....

....

....

....

■ **나의 신앙 고백 4**

이 책을 읽고, 요셉의 인생 수업 가운데
가장 도전받았던 부분은 어디인지,
그 이유는 무엇인지 나의 영적 일지를 적어보세요.

....

....

....

....

....

....

....

....